国家出版基金项目
NATIONAL PUBLICATION FOUNDATION

中国物理教育研究丛书

郭玉英 主编

王文清 著

促进认知发展的物理探究教学研究

CUJIN RENZHI FAZHAN DE
WULI TANJIU JIAOXUE YANJIU

GEP 广西教育出版社
南宁

序

20世纪90年代，广西教育出版社出版了《学科现代教育理论书系·物理》，由我的导师阎金铎教授担任主编，在物理教育领域产生了重要影响，已经成为本学科专业发展的里程碑。二十多年过去了，随着新世纪中国基础教育课程改革的全面推进，物理教育研究呈现出前所未有的繁荣景象，涌现出丰富的研究成果。当2014年该社提出要我组织编写一套《中国物理教育研究丛书》，汇集新时期的标志性成果时，我认为这是一个现实与历史意义兼具的重要选题，同时也感到是一个非常艰巨的任务，责任重大。

我国的物理教育有研究与教学紧密结合的优良传统，许多优秀的中学物理教师和教研员植根于教学实践开展研究，积累了大量本土化、原创性的研究成果，展示出物理教育的中国特色。近十几年来，随着研究生教育的发展，物理教育的国际交流不断拓展和深化，越来越多的年轻学者借鉴国际科学教育研究的经验和方法，针对我国物理教育实践中的问题，开展了多角度、多层次的具体深入的实证研究，如围绕新课程倡导的科学探究和探究教学的研究，针对物理学科核心概念和关键能力展开的学习进阶研究，促进学生发展的课堂教学模式的研究，关于物理课程和教材的深入研究和国际比较研究，关于物理教育测量和评价的研究，物理教育与信息技术整合的研究，针对物理教师观念的研究等。研究内容涵盖了课程与教学论的各个分支领域，研究对象从课程教材到课堂、学生、教师、试题，研究视角从哲学到物理、心理、技术，研究方法从思辨到定量、实证，呈现出多元化和多样化的研究取向，拓宽了物理教育研究的视野和范围，为我国物理教育理论和中学物理教学实践提供了研究基础和方法论指导。

本丛书的选题力图涵盖上述诸方面的主要研究成果，简要介绍如下。

在来自一线教师和教研员的研究成果中，包含了从哲学层面到物理课堂教学操作层面的四本著作。《物理与哲学—中学物理教学的视角》呈现了中学物理教师的哲学思考。作者从物理与哲学的关系入手，结合中学物理教学的具体内容，论述了哲学的洞见与物理教学实践密不可分，将中学物理教学上升到哲学高度。在实验教学方面，毕生从事高中物理实验教学与研究的专家撰写了《高中物理实验教学研究》，从科学技术发展和教育理念进步的角度，突出了以学生为主体的教育理念和学科素养在实验中的表现及培养的途径，重点探讨了高中物理实验教学的目标、内容和方法策略方面的热点问题。在课堂教学实践层面，《中学物理习题教学研究》凝聚了中学物理特级教师的经验和智慧，从习题和试题的不同功能出发，以大量的题例阐述了习题和试题的编写要领，论述了优化习题教学的各种途径，提出了科学实施习题教学的策略，把习题教学的目标落实到提高学生解决问题的素养上来。《中学物理教学疑难问题研究》则来自基层教研工作者，从一线教学实际和物理教师的需求出发，对新课程实施过程中遇到的多方面的具体疑难问题进行了深入分析和探讨。

丛书围绕新课程实施以来物理教育研究领域关注的重点—科学探究和探究教学呈现了三个不同视角的研究成果。《科学探究能力模型与培养研究》系统介绍了国际科学教育领域对科学探究能力及其培养的研究和实践，构建了基于知识和技能的科学探究能力结构模型，结合案例论述了在中学物理教学中如何利用探究式教学法培养学生的科学探究能力。《促进认知发展的物理探究教学研究》聚焦目前中学物理探究教学中亟待解决的核心问题，从物理学科自身特点出发，构建了促进认知发展的探究教学模型，并对实施该探究教学模型的教学策略进行了探讨。《中学物理教师的探究教学观研究》则聚焦教师观念和行为，基于对探究教学的理论探讨，提出了教师探究教学观的分析框架与研究方法，从语言表达和教学行为两个层面研究了物理教师的探究教学观现状及其影响因素。

围绕学科核心概念展开的对学生认知和能力发展的研究是近几年的研究热点，学习进阶是将学生核心素养的发展与课程、教材和评价紧密联系在一起的桥梁，是具有发展潜力的新兴研究领域，丛书呈现了其中四方面的最新研究成果。《高中物理概念学习进阶及其教学应用研究》针对我国概念教学中存在的问题，构建了核心概念统领下的物理概念层次结构模型和概念学习进阶模型，以静电场核心概念为例进行了实证检验，并应用于教师培训。中学物理中的能量概念既是物理学科的核心概念，又是与社会发展和技术进步密切相关的共通概念，对于学生的发展至关重要。《中学物理能量学习进阶研究》构建了以学生为中心、具有实证有效性的“能量”进阶框架，并以此对学生“能量”概念的认知状态和发展情况进行了刻画和阐释，针对如何帮助学生提升“能量”概念的认知水平给出了相关建议。《中学物理课程中科学解释学习进阶及其教学应用》结合科学哲学的相关理论，提出了科学解释的“现象—理论—资料—推理”框架，确立了学习进阶的二维进阶模式及其进阶变量，通过跨年级测试建构了科学解释的学习进阶，并结合能量学习进阶进行了准教学实验研究。《基于学习进阶的中学物理教学设计研究》将物理概念和能力学习进阶的研究成果与现代教学设计理论相结合，建立了教学设计模型，结合大量中学物理教学案例，论述了如何基于学习进阶的研究成果开展以学生为中心的教学设计，从而促进学生物理核心素养的进阶发展。

关于课程和教材的研究呈现了两方面的研究成果，分别体现了不同的研究范围和方法。《高中物理量子理论课程研究》聚焦中学物理中的量子内容，从课程角度开展研究。采用理论和实证研究相结合的方法，对高中物理课程中量子理论的地位与教育价值、课程发展历程与现状进行了系统深入的探讨。《中学物理教材比较研究》选取中国、美国、俄罗斯、英国、法国、德国、日本、韩国、新加坡和澳大利亚十个国家的初中物理主流教材为比较对象，对教材的难度、广度、平均深度进行了比较研究，并分别比较了教材中实验的内容、例题和习题及拓展内容情况，分析了教材特点并提出了教材建设的启示与建议。

学生物理核心素养的测评一直是本领域关注的重要问题，特别是像高考、中考这样的高利害考试的有效性已经成为全社会关心的热点。《大学入学物理考试内容效度研究》对大学入学物理考试的内容效度进行了多方面的定量研究。一方面以高中物理课程标准为效标，研究比较和评估了我国（包括台湾和香港地区）大学入学考试物理试卷的内容效度。另一方面从比较我国的高考物理考试与美国 AP 物理考试、英国 A-Level 物理考试出发，研究评估了我国大学入学物理考试的内容效度，提出了对我国现行高考制度的改革建议。

《中学物理教学与信息技术整合研究》展示了跨领域的研究视角，凸显了现代技术特色。在“数据探究”理论指导下，探讨了信息技术与中学物理教学深度融合的基本概念、理论等问题。同时还根据物理学科教学的特点，选取了几何画板软件、物理虚拟仿真实验软件、Camtasia视频制作软件、FrontPage网站制作等技术，用案例说明了信息技术在物理教学中的实际应用。

大学物理教学研究是我国物理教育研究领域中正在发展的研究方向，关于心智模型和建模教学的研究也是新的研究热点。《基于学生心智模型进阶的物理建模教学研究》介绍了国内外关于模型与学习进阶、建模与建模教学的相关研究。在此基础上整合心智模型、学习进阶和建模教学的研究，结合我国物理教学的实际，从教学要素和学生心智模型进阶两个维度建构了基于学生心智模型进阶的导引式建模教学模式，并以大学物理“静电学”为例展开实践研究。其研究内容和方法对中学物理教学与研究均有参考价值。

十几位学者参与了本套丛书的编著工作。他们有的是长期从事物理教育研究和中学物理教学的专家，凝聚毕生研究之学术精华；有的是具备海外学习经历的年轻学者，用现代科学教育研究方法研究我国的实际问题。其中多数作者为本领域的博士。作者们都为丛书的出版付出了艰辛的劳动。本丛书从策划、编辑到出版面世，得到时任广西教育出版社副总编黄力平编审、编辑部主任黄敏娴副编审和各书责任编辑的大力支持，也得到不少同行的关心和帮助，其中参阅引用了大量相关的研究成果，均已在参考文献中列出，在此一并表示感谢！期望本丛书的出版有助于物理教育研究领域的繁荣与发展，也期望这些研究成果能够在物理教育实践中得到进一步的检验、修正和完善。

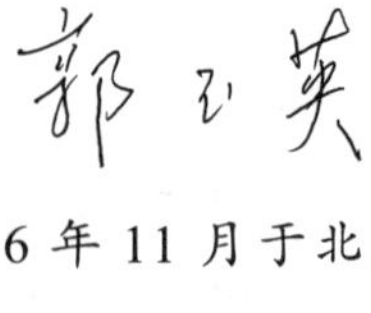

2016年11月于北师大

前言

2006年，我幸运地从一所普通师范院校考入北京师范大学，攻读课程与教学论（物理方向）的教育学博士学位。出于本人执教物理教学论的工作需要以及个人的兴趣，更深受导师研究方向的影响，我最终选择“促进认知发展的探究教学模型研究”作为自己的学位论文课题。本书就是在我的学位论文基础上修改、补充而成的。

对我而言，要完成关于“探究教学”这样一个被众多领域学者所关注、有数以万计的文献所讨论的课题实在是太难了。首要的问题是，该如何规划课题的研究思路呢？是基于教育学的建构主义教学理念、模式展开论述，还是基于心理学的建构主义学习理论展开讨论？事实表明，这种惯用的教学研究思路总是不能对学科教学问题做出更为细致、深入的讨论，学科教学的问题终究还是要通过具有学科自身特点的途径加以解决。

著名教育家顾明远先生在“学科现代教育理论书系”总序中写道:“我认为，师范院校的教材教法不能只分析一门课如何讲授，更重要的是要研究、分析一门科学的发展历史和现状，以及其发展的内在逻辑，结合学生的认知特点，遵循教育规律，把它组织成一门学科。”那么，物理探究教学作为物理教学论的一个重要方面，也应当关注两个核心问题——物理学科的历史、现状及其发展的内在逻辑和学生的认知特点，由此来寻找学科教学的特有规律。

因此，本书探讨物理探究教学的基本思路是：由物理学的发展历史着手，基于物理学家的原著，考察物理学家建构各自学说的思想历程，进而揭示物理学的认知建构特征；借鉴物理教育领域关于学生认知的研究成果，并对中学生物理学习进行案例观察与分析，进而揭示中学生物理探究学习的认知建构特征；基于物理学的认知建构特征和中学生物理探究学习的认知建构特征，构建一个简明的课堂情境下学生进行物理探究的认知心理过程模型——课堂情境下学生物理探究的认知发展模型；基于上述认知心理过程模型，参照我国物理课堂教学的传统结构，构建一个具有非线性认知建构特点的物理课堂探究教学模型——促进认知发展的探究教学模型；接着，对新建立的探究教学模型展开实践研究，初步检查其教学效果，并反思实施过程中存在的种种问题；最后，给出运用该探究教学模型进行课堂教学的教学设计案例。

时至今日，对中学物理教师而言“探究教学”已不再神秘，但是如何从物理学科自身特点来理解“探究教学”却依然是一个十分重要的问题。本书试图给读者展示一种不同的思路，期望为我国中学物理探究教学的实施提供帮助。

本书能够出版，首先要感谢北京师范大学对我的培养。在那里，我能真切体验到这所承载着中国教育优良传统的百年老校的文化底蕴和人文情怀，能聆听众多知名学者和教育界负有盛名的大师的教诲，能亲身感受不同地域、不同国家的学者的交流，特别是能与那些堪称骄子的同学们朝夕相处、促膝相谈，可谓一生之幸！

然后，我要感谢我的导师郭玉英教授，感谢我国物理教育界的前辈阎金铎教授，感谢北京师范大学的李春密教授，感谢南京师范大学的刘炳昇教授，感谢首都师范大学的续佩君教授、卢慕稚博士，是他们多年来给我的关怀和教诲促使我专心于物理教育的研究并有信心完成本书的撰写。

感谢陪伴和激励我在北京师范大学顺利完成博士学位的前后历届同学，他们的智慧和友情是我享用不尽的财富。

感谢我的学生亦朋友贾勇，他为我的教学实践研究付出了大量的时间和精力；感谢北师大附中的苏永乔老师、北京二中的王平老师、北京五中物理教研组的张奕等各位老师、北京十一学校的秦建云老师等，他们的教学实践给了我许多极有意义的启示。

感谢广西教育出版社给我们出版“中国物理教育研究丛书”的机会，感谢黄敏娴副编审、潘安编辑、潘姿汝编辑为本书付出的辛勤劳动。

王文清

2016年6月

目 录

绪 论

一、研究的背景

科学教育中的探究教学是在杜威教育思想和皮亚杰发生认识论的影响下，由布鲁纳、施瓦布等积极倡导，伴随20世纪五六十年代美国的理科课程改革运动而兴起的。20世纪80年代末，国外学者从哲学、心理学以及科学教育等方面深刻反思科学探究教学中的客观主义倾向，掀起了教育领域的建构主义思潮，逐步形成了对科学认知的建构解释，大大加深了人们对“科学探究”的理解。

至20世纪90年代，美国“2061计划”的推进和《美国国家科学教育标准》的制定使科学探究在科学教育中的核心地位日益凸显。之后，随着众多国家科学教育课程标准的出台，科学探究教学逐步成为国际科学教育的基本理念、课程目标和教学方式。

2001年和2003年，我国教育部先后颁布义务教育阶段和高中阶段各学科的课程标准，在理科课程中明确倡导以探究教学为主的多样化教学方式，使科学探究成为我国中小学理科教学所追求的主流方式。

中学物理新课程的实施促使中学物理教师对新的课程理念做出自己的理解和思考，促使他们对传统的教学方式进行反思、调整和改进。可以说，突出科学过程的探究教学已经引起中学物理教师的广泛关注。

那么，进入新课改之后的中学物理教学的状况如何呢？为了对此有一个初步的了解，在本研究的初期，我们从不同途径搜集了相关资料。其一，深入中学，对实施新课程的中学物理教学进行现场观摩。在2007年北京市高中进入新课改之际，我们到北京市七所中学观摩并实地记录了十几位高一物理教师的数十节课堂教学。其二，搜集并观看中学物理探究教学的录像。我们搜集到的主要是近几年由中国教育学会物理教育专业委员会组织的“全国中学物理教学改革创新大赛”获奖作品中的探究教学案例。其三，搜集公开出版的中学新课改实验区探究教学案例的文本资料。

经过对上述资料的初步考察，我们认为，进入新课改后的中学物理探究教学的基本状况是：(1)部分物理教师能够积极尝试新课标教材中的探究教学方式，按照新课标中的“科学探究要素”模式组织学生进行探究，使课堂教学呈现出生动活泼的局面。但是，不少探究教学设计是以表现科学探究的七个要素为主，形式化倾向较为明显。经过几年的实践探索，探究教学中的形式化倾向有所转变，基于观察与实验的探究也渐成风气。但是，就普遍的情况来看，目前的探究教学在引发学生深层次的建构性思考方面仍然十分欠缺。(2)部分教师基于自己的教学经验对新课标教材中的探究教学方式进行改造，在坚持传统启发式教学思想的基础上加强了课堂中的演示实验和随堂实验，促进了传授式教学向探究教学的转变。但是在课堂探究中，学生的思考受教师的启发、暗示偏多，思考的深度不够，自主建构性不强。(3)为数不多的具有丰富教学经验的教师能够在课堂上组织学生针对某一问题进行开放式讨论，有效地激发学生的批判性思维，促进学生对知识的进一步理解，但这种讨论主要出现在运用知识解决问题的过程当中，而新知识形成过程中的建构性思考依然不多。

总的来看，目前我国中学物理课堂教学中的探究教学的实施状况不能令人满意。这是因为，无论是体现科学探究七个要素模式的课堂探究，还是基于传统启发式思想的课堂探究，虽然在突出学生主体性方面有所改善，但并没有显著体现出学生认知建构的深刻内涵。中学物理教学的现实迫切需要物理教育研究者寻求具有显著建构特征的课堂探究教学途径。

二、研究的意义

1. 研究的现实意义

研究者认为“从我国现当代教育发展史来看，我国的教育改革所面临的最困难的问题首先是教学实践中的问题”（吴奎亮，2008）。

如前文所述，我国中学新课程实施以来，物理探究教学所面临的问题是十分严峻的。其一，当形式化的探究教学不能取得理想的效果时，探究教学就不能被教师接纳和理解，它只能成为所谓公开课、示范课、讨论课的表现形式，而不能真正成为物理教学的主流方式。其二，如果探究教学的实施不当，其结果不仅会影响学生对科学知识的掌握，还会影响学生对科学方法、科学本质的合理体验和正确理解。

因此，到底该如何理解和实施中学物理课堂中的探究教学，迄今为止，这依然是中学物理教学实践中亟待解决的重大问题。

本研究所针对的就是中学物理课堂中的探究教学实践环节的问题，基本意图是在已有的探究教学概念和理论的基础上，进一步通过对物理学发展历史的考察，深刻揭示物理学的认知建构特征，并深入探讨中学生物理学习的认知建构特点，对课堂教学中学生的认知建构做出进一步解释，进而构建一个尝试性的课堂探究教学模型，以期为中学物理课堂中的探究教学开辟新的途径，为解决现实中的中学物理探究教学的实践问题提供新的思路。

2. 研究的理论意义

本研究针对的是物理探究教学实践环节的问题，它离不开相关理论的支撑。但是，我们并不是简单地将已有探究教学的一般理论直接运用于中学物理教学，而是要基于物理学科的自身特点，在理论上进行更加深入的探讨。具体而言，本研究既要对相关理论研究的最新进展进行引介和评析，还要深入探讨物理学以及物理探究学习的认知建构特征，并对课堂教学中学生的认知建构机制做出进一步描述，进而发展出新的探究教学模型。因此，本研究对中学物理课程与教学论的发展具有积极意义。

3. 研究的应用价值

第一，基于本研究所开发的探究教学模型而确定的课堂教学基本要素，可望帮助我们改进现行中学物理课堂中的传授教学方式和形式化探究教学方式，为实施中学物理探究教学提供一种可供选择的课堂教学组织方式。

第二，本研究提出的探究教学模型对中学物理教材编写中的课题展开、问题设计及探究实施等具有积极的参考价值。

第三，本研究的实践部分是在中学物理教学的自然状态下进行的，所采用的教学方法、研究方法以及相关数据均可为中学物理教师的日常教学与教研提供借鉴。

第一章　探究教学的研究进展

近年来，我国关于基础教育中探究教学的理论研究与实践探索已见诸大量文献，为什么还要围绕中学物理课堂中的探究教学问题进行研究？这一研究的学术背景是什么？相关研究的问题、进展和趋向如何？为了回答这些问题，本章对相关文献进行介绍和评述。

第一节　国内教育与心理学界的相关研究

在我国基础教育新课程改革的早期，指导科学教育的探究教学理论主要来源于教育与心理学界对“探究教学”“探究学习”的研究。近年来，这方面的论著、论文已难以计数，所做研究涵盖了探究教学与探究学习的历史渊源、基本概念、理论基础、探究模式、教学实施、教学评价、教学研究等各个方面。这里我们根据本研究的需要，只选择与本研究密切相关的部分做简要陈述。

一、探究教学的核心概念

在教育与心理学界，研究者普遍将探究教学的研究重点放在探究学习上，先探讨什么是探究学习，然后再界定什么是探究教学。

1. 探究学习

“探究学习”概念源于英文“Inquiry Learning”，也称为“探究式学习”。这一概念是由美国教育家施瓦布（J. J. Schwab）首次正式提出的（表述为 Enquiry Learning）。施瓦布认为“探究学习是指这样一种学习活动：儿童通过自主地参与知识的获得过程，掌握研究自然所必需的探究能力；同时形成认识自然的基础——科学概念；进而培养探究世界的积极态度”（靳玉乐，2005）[7]。这一定义简明地表达了探究学习的方式——自主地参与知识的获得过程，以及探究学习的目的——形成科学概念、发展探究能力、养成科学态度。

为了探讨“探究学习”概念的内涵，国内研究者不仅对英文“Inquiry”和中文“探究”的含义进行考察，还从孔子的“启发式”、苏格拉底的“产婆术”以及杜威的“做中学”中追溯探究学习的思想渊源，再参照布鲁纳的“发现学习”观念、施瓦布的“探究学习”观念以及《美国国家科学教育标准》的“科学探究”概念，并进一步运用建构主义思想，对探究学习做出各自的理解。

靳玉乐（2005）[7-9]对“探究学习”做了描述性的定义：“探究学习

是指学生在教师指导下，为获得科学素养以类似或模拟科学探究的方式所进行的学习活动。”他强调了这一定义的三个要素：其一，探究学习的目的是为了获得科学素养；其二，探究学习是以类似或模拟科学探究的方式实现的；其三，探究学习以学生为主体，但不可忽视教师的指导作用。与施瓦布的定义相比较，这一定义将学生“自主地参与知识的获得过程”进一步解释为“以类似或模拟科学探究的方式所进行的学习活动”，将探究学习的目的概括为“获得科学素养”，另外，在重视学生主体性的同时，还强调了教师的指导作用。靳玉乐（2005）[12-16]分析认为“探究学习与科学探究既有联系又有区别，‘问题、事实（证据）、解释、评价、交流’是构成探究学习的基本要素”，并将美国《科学探究与国家科学教育标准——教与学的指南》中课堂探究的五个特征作为探究学习的基本特征，这五个特征就是：（1）学习者围绕科学性问题从事探究活动；（2）学习者优先关注可以帮助他们形成和评价科学性解释之证据；（3）学习者根据证据形成对科学性问题的解释；（4）学习者通过比较其他解释尤其是基于对科学理解的解释来评价自己做出的解释；（5）学习者交流和论证所提出的解释［（美）国家研究理事会科学、数学及技术教育中心《国家科学教育标准》科学探究附属读物编委会，2004］。

刘儒德（2005）[11]认为：“探究学习是指学生仿照科学研究的过程来学习科学内容，体验、理解和应用科学探究方法，获得科学研究能力的一种学习方式。”同时，他根据美国国家研究理事会2002年的阐述，认为探究学习包括五个方面的活动：提出问题、收集数据、形成解释、评价结果和表达结果。刘儒德的表述与靳玉乐的见解实质上是一致的。

任长松（2005）[29-30]根据学习过程中信息是否由外部指导者直接提供或呈现，将学习方式分为授受式学习和探究式学习两类，前者由教师直接提供信息，后者由学生自主获得信息。在此基础上，他对学校课程中的“探究式学习”做了界定：“探究式学习是指学生围绕一定的问题、文本或材料，在教师的帮助和支持下，自主寻求或自主建构答案、意义、理解或信息的活动或过程。”任长松（2005）[225]认为，探究式学习的要素是：目标、意图、问题的生成，方案的策划与设计，方案的实施与开展，反思（总结和结论）。与前两个定义相比，这一界定特别指明了学生探究学习中知识形成的"自主建构"本质，更加强调学生的"自主行为（自主选择、自主决策的认知行为）"，而且没有将探究学习只限定于科学学习（任长松，2005）[237]。

可以看出，研究者对"探究学习"概念的描述存在差异，主要在于：有的强调仿照科学家研究科学的行为和思维方式，并侧重于科学学习的"探究之形"的方面；有的则强调学生的自主行为和自主建构，并侧重于一般性学习的"建构之质"的方面。

张建伟等人在研究"建构性学习"的基础上，对探究学习进行了深入的探讨（张建伟 等，2005）[104-174]。张建伟（2008）认为"探究性学习是通过学习者亲身的探究过程而进行的学习，各种探究性学习模式基本都可以归结为'做中学'的思路"，由杜威的"做中学"思想，逐步延伸出两类"做"的典型形式："手工艺活动"原型和"科学研究活动"原型。"手工艺活动"原型着重于实践性问题的解决，演变出动手（Hand-on）活动和项目（Project）式活动，后由建构主义者从情境认知与学习的角度给以解释，发展出"目标情景"教学、抛锚式教学、"认知学徒制"学习等方法，特别是对实践活动中的社会文化要素给予更多关注，使"做中学"的实践从实践活动场景发展到"实践共同体"。"科学研究活动"原型着重于科学问题的解决，演变出布鲁纳的科学发现学习（核心是科学概念形成的"假设—检验"过程）和施瓦布的科学探究学习，后由社会建构观点以及分布性认知理论，将"科学研究活动"从以强调个人科学发现的"实验室"研究转向强调社会交往结构的"科学共同体"研究，进而发展出学校教育中的"知识建构共同体"理论。张建伟还特别强调："在教学改革中，我们需要：（1）切忌简单把探究学习理解为'动手'活动，而应该真正促进学生的思想发展和知识建构；（2）抓住'做'背后的社会文化实质，让学生能够有机会参与共同体的文化情境；（3）在更大程度上采用知识建构共同体这种'做中学'思路，让学生集中进行知识（思想）的生成和持续改进活动，同时也辅之以实践共同体的'做中学'思路，培养学生的实践能力和实际问题解决能力。"

总之，探究学习倡导学习者要做类似科学研究的操作与思考，在一种文化情境中实现知识建构和思想生成。

2. 探究教学

“探究教学”概念是基于“探究学习”概念而建立的，通常认为，探究教学就是为学生创造条件，促使学生进行探究学习的教学。

靳玉乐（2005）[28]认为：“探究教学在实质上是一种模拟性的科学研究活动。具体来说，它包括两个相互联系的方面：一是有一个以‘学’为中心的探究学习环境……二是给学生提供必要的帮助和指导，使学生在探究中能明确方向。”他总结探究教学的特点是：以培养科学素养为目的；既重视结果，又重视知识的获得过程；重应用；重视全体参与（靳玉乐，2005）[28-29]。

邬小鹏、李志刚（2007）[2]认为：“所谓探究教学，就是以问题探究为主的教学方式。具体说来，它是指学生学习的各个环节在教师的指导下，以学生自主探究和合作学习为形式，以教材为基本探究内容，以课堂为主要活动阵地，以学生周围世界和生活实际为参照对象，让学生自主质疑、探究、讨论问题，并运用自己已有知识和经验去解决实际问题的一种教学方式。”

不难看出，前者描述的是科学教育领域中的科学探究教学，而后者并没有将探究教学限定在科学教育领域。实际上，文科教学也在积极倡导探究教学。其中，有些探究是让学生通过调查研究来学习某些学科内容，可以说，这样的探究保留着科学探究的基本特征，如国外研究者将社会科学家的研究方法运用于社会课的教学。但是，也有另一种“探究”见之于语文教学中“诗歌（或散文、小说）的探究式课堂教学”、英语教学中“听说（或书面表达、阅读）探究式课堂教学”（周朴华 等，2007），以及“儿童哲学探究”（王文静，2005）等。显然，这里的“探究教学”概念已被泛化，与科学教育中的“探究教学”是有所不同的。本研究中的探究教学指的是科学教育领域，特别是物理教育领域的探究教学，而且主要是围绕新知识的建立而展开的探究教学。

关于“探究教学”的本质特征，研究者主要是转述安德森（L. W. Anderson）在其主编的《教学和教育百科全书》中所做的描述：不直接把构成教学目标的有关概念和认知策略告诉学生，取而代之，教师创造一种智力和社会环境，让学生通过探索发现有利于开展这种探索的学科内容要素和认知策略（靳玉乐，2005）[28]。

3. 科学探究

探究教学的探讨必然要涉及“科学探究（Scientific Inquiry）”概念。目前，研究者普遍引用《美国国家科学教育标准》[（美）国家研究理事会，1999][30]对科学探究的定义：“科学探究指的是科学家们用以研究自然界并基于此种研究获得的证据提出种种解释的不同途径。科学探究也指的是学生们用以获取知识、领悟科学的思想观念、领悟科学家们研究自然界所用的方法而进行的各种活动。”这一定义不仅指出了科学探究的两种形式，同时包含着对科学本质的理解，即科学是基于研究获得的证据而对自然界所做的解释。

徐学福（2002）认为，科学探究可以从“形”和“神”两个方面加以认识。“形”指的是科学探究的基本程序，即新课程标准所表述的提出科学问题、猜想和假设、制订计划和设计实验、获取事实与证据、检验与评价、表达与交流；“神”指的是科学探究的基本精神，主要有求知精神、进取精神、求实精神。

陈琴、庞丽娟（2005）认为：“所谓科学探究，简言之，就是个体通过自主地调查和研究来认识和解释自然的活动。”她们强调：科学探究的对象是自然界，是对自然现象或问题的一种调查和研究；科学探究作为一种认知活动，是个体主动地建构对于客观世界的理解的过程；科学探究是一种思维的过程，具有思维性特征；科学探究重视交流与合作，具有合作性特征。

张建伟、孙燕青（2005）[146]认为：“科学探究作为一种科学学习方式，是指学习者针对科学领域中的某个主题形成自己的问题，或者由教师提出要探究的问题，而后，学习者对问题进行分析，形成自己的假设，并通过科学实验和观察等检验自己的假设，直至解决问题，在探究活动的基础上建构起对科学知识的理解和有关的方法、技能。”他们特别指出：“科学探究常常需要学习者进行一定的实际活动或动手操作，这不仅仅是为了激发学生的学习兴趣、训练操作技能，甚至也不只是为了发现一些科学事实，而是为学生建构科学知识、科学素养提供基本的经验基础。”

可以看出，研究者对科学探究的理解是不断加深的，即科学探究不仅有其“形”，而且有其“神”，更有其建构之“质”。

二、探究教学（学习）的理论研究概述

国内对探究教学（学习）的理论研究主要是对国外研究成果的翻译、介绍以及评述。其中，探究教学（学习）的理论基础和模式是两个核心部分。

1.探究教学（学习）的理论基础

关于探究教学（学习）的理论基础，研究者们从不同方面进行了探讨。刘儒德（2005）[18-23]由皮亚杰的认知发展理论、布鲁纳的认知结构理论、建构主义学习理论和人本主义学习理论讨论了探究学习的学习理论基础。靳玉乐（2005）[55-84]从科学史、科学哲学讨论了探究学习的科学基础；从布鲁纳的认知结构理论、奥苏伯尔的有意义学习理论、建构主义学习理论讨论了探究学习的心理学基础；从终身学习理论、主体性教育理论讨论了探究学习的教育学基础。周仕东（2008）则讨论了夸美纽斯、洛克、卢梭、裴斯泰洛齐、赫尔巴特、福禄培尔、斯宾塞、杜威等教育家的探究教学思想；讨论了布鲁纳（认知结构理论）、皮亚杰与维果茨基（建构主义学习理论）、罗杰斯与马斯洛（人本主义心理学）等心理学家的探究教学思想；讨论了赫胥黎、埃利奥特和施瓦布等科学家的探究教学思想；然后，从科学哲学角度，对科学探究教学进行了理论探讨。

总体上讲，探究教学（学习）的理论基础主要涉及了教育学、心理学和科学哲学三个方面。其中，教育学理论着重阐明探究教学（学习）的目的与价值，即为了人的主体意识和主体素质的全面、自由、可持续的发展；心理学理论着重阐释探究教学（学习）的认知机制，认为人的认知发展是认知主体在已有经验和已有认识的基础上，在一定的物理情境和社会情境中，通过与客体对象的相互作用以及与他人的合作交流，自主建构对客观事物的理解；科学哲学理论着重阐明科学的本质与价值以及科学方法、科学认识的特征，简而言之，科学是基于研究获得的证据而对自然界所做的解释，科学具有人文价值，科学认识是客观性与主观性的统一，科学方法是统一性和多样性的统一（靳玉乐，2005）[57-65]。

2.探究教学（学习）的模式

关于探究教学（学习）的模式，研究者们（靳玉乐，2005）[85-135]（刘

儒德，2005）[35-82]（高潇怡，2007）介绍了来自国外的重要成果：

（1）卡普拉斯（R. Karplus）基于皮亚杰的认知发展理论而建立的“学习环”（Learning Cycle）模式，是一个由概念探究（Exploration）、概念引入（Concept Introduction）和概念应用（Concept Application）三个阶段构成的学习过程模式。

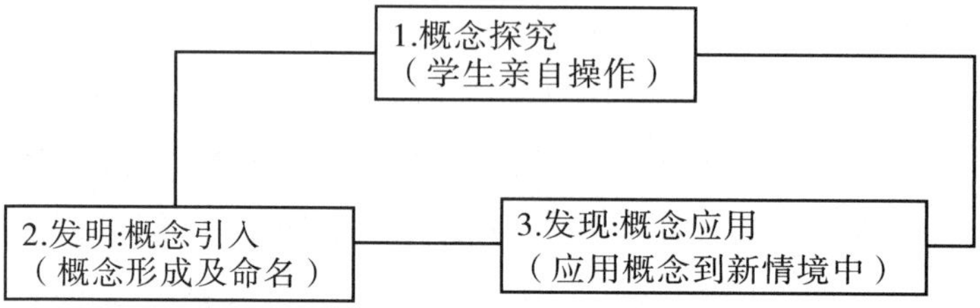

图 1-1 “学习环”模式图

（2）在“学习环”基础上发展而来的“5E”模式，由引入（Engagement）、探究（Exploration）、解释（Explanation）、精致化（Elaboration）和评价（Evaluation）五个阶段构成。

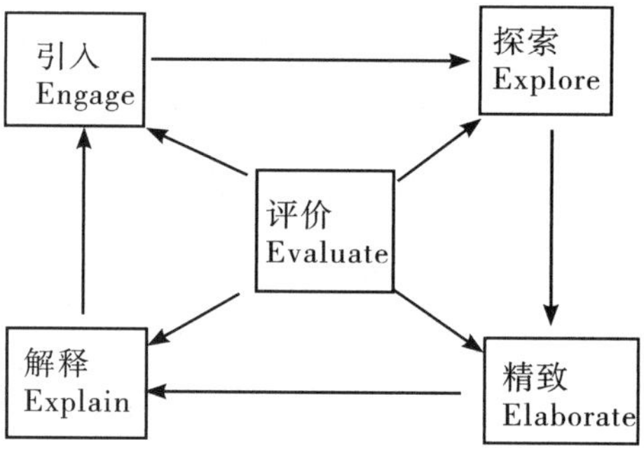

图 1-2 “5E”模式图

（3）参照认知心理学和人工智能理论，对“学习环”模式进行修改而建立的“预测机制学习环”模式，由探索（Exploration）、概念介绍（Concept Introduction）、概念应用（Concept Application）和预测（Prediction）四个阶段构成。

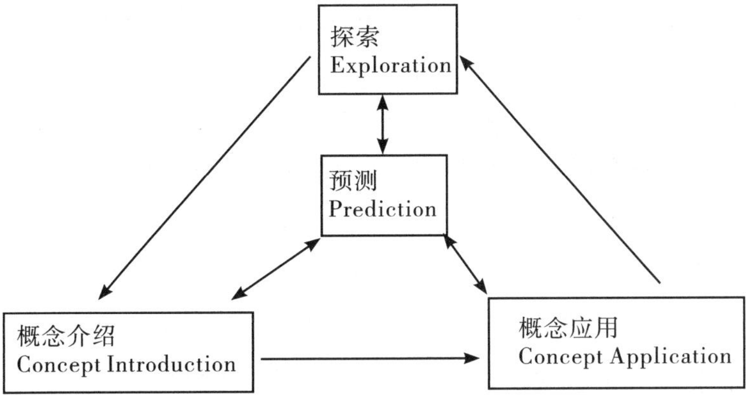

图 1–3　“预测机制学习环”模式图

（4）在“预测机制学习环”模式基础上，引入元认知成分而建立的“元认知学习环”模式，由概念探索（Concept Exploration）、概念介绍 / 状况检查（Concept Introduction/Status Check）、概念运用 / 状况检查（Concept Application/Status Check）和概念评价 / 状况检查（Concept Assessment/Status Check）四个阶段构成：

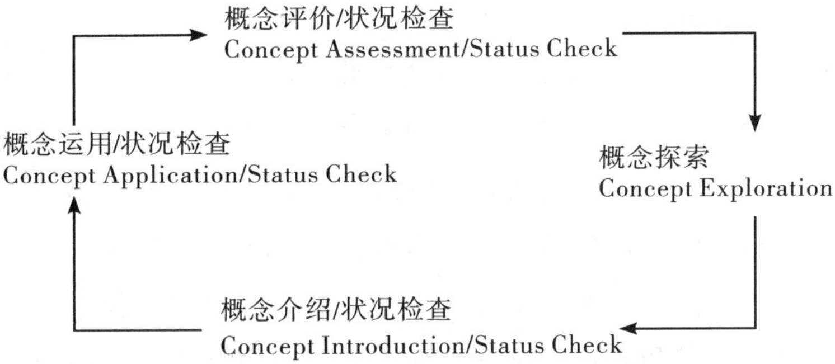

图 1–4　“元认知学习环”模式图

（5）萨其曼（R. Suchman）基于科学家的探究活动而建立的探究训练模式，包括展示问题情境、建立假设与收集资料、获得解释、反思探究过程四个基本环节。

（6）施瓦布基于生物科学家的研究方法而建立的生物科学探究模式，包括教师向学生提出研究领域与方法、学生形成研究（概念性或者方法论）问题、学生确认研究（概念性或者方法论）问题、学生解决研究（概念性或者方法论）问题四个阶段的活动。

（7）马希尔斯（B. Massials）和考克斯（B. Cox）基于社会科学家

的研究方法而建立的社会探究模式，包括定向、假说、界定、引申、求证、概括六个阶段和活动。

（8）兰本达针对小学科学教育而提出的“探究-研讨”教学法，包括教师选择探究材料、学生自由探究、教师组织全体学生探讨三个教学阶段。

除了上述模式外，还有其他一些科学探究教学模式，如：（1）耐尔于 1987 年提出的概念改变七步骤教学模式，包括导入（Introduction）、回顾（Review）、发展（Development）、调查和活动（Investigation and Activities）、表征（Representation）、讨论（Discussion）、总结（Summary）七个步骤；（2）诺瓦克（J.D. Novak）基于奥苏伯尔的有意义学习理论和“先行组织者”思想建立的“概念图”模式（高潇怡，2007）。

三、探究教学（学习）的课堂实施研究概述

教育与心理学界关于探究教学（学习）的研究论著一般都要涉及课堂实施问题。靳玉乐（2005）[137-174] 讨论了探究学习中的知识观、学生观、教学观以及教师和学生的角色转变，讨论了教学实施中的探究性提问、探究性讨论、探究性演示和探究性实验的特点、教学要求和教学原则。刘儒德（2005）[83-261] 讨论了探究学习的过程，将课堂中的探究学习分为形成问题与提出假设、收集数据与整理分析、验证假设与形成解释、组织结论与展示交流、评价结果与反思过程五个环节；讨论了探究学习的教学设计，从目标设置、心理分析、资源组织、媒体选择、环境安排五个方面提出了要求和建议；讨论了探究学习的教学指导，对问题情境的创设、探究性讲解和演示、探究性提问和反馈、探究性讨论和合作、探究学习的实验和模拟等五个方面给予教学方法与原则的指导；讨论了探究技能的分类和训练。韦钰在多年的指导小学科学教育改革试点工作和与国外合作交流的基础上，提出了小学探究式科学教育的基本步骤——提出问题、推测和假设、设计实验、寻求实证、信息和信息处理、获得结论和表达，并探讨了探究式科学教育实践中的核心问题，包括提出探究问题、组织讨论、观察、科学记录和表达、从其他资源获取信息和信息技术的应用（韦钰 等，2005）。邬小鹏、李志刚（2007）[9] 在探究教学模式的基础上，参照建构主义教学模式，提出“多维假设与求证的探究

教学程序”，对前述教学程式稍有扩展，包括情境生成、问题提出、多重假设、多重求证、得出结论、意义建构、知识内化七个教学步骤。

上述研究所概括出的探究教学（学习）的课堂实施步骤，成为目前我国基础教育中探究式教学所参照的主要程式，因此具有广泛的影响力。

第二节　国内中学物理教育中的探究教学研究

我们先讨论新课改前、后两个时期我国大陆的中学物理探究教学研究，然后介绍我国台湾地区的中学物理探究教学研究。

一、新课改前我国大陆中学物理教育中的探究教学思想与研究

1. 新课改前我国大陆中学物理教学大纲与课程标准中的探究教学思想

中学物理教学大纲与课程标准不仅规定物理教学的内容及其深度，也提出物理教学的目的、要求与方法，从而反映出相应的教学思想。下面，对我国清末以来具有代表性的中学物理教学大纲和课程标准进行分析，借以理解其中探究教学思想的发展脉络。

据研究，中国近代将物理列入学校教育课程，开始于 1867 年京师同文馆所设的算学馆，当时称之为"格致"，后改称"理科"，主要是物理和化学。在 1904 年（光绪三十年）清政府公布《奏定学堂章程》之后，中学也逐步开设了物理方面的课程（骆炳贤，2001）[86-90]。

《奏定中学堂章程》对中学堂物理、化学的分科教法做出如下说明："讲理化之义，在使知物质自然之形象并其运用变化之法则，及与人生之关系，以备他日讲求农、工、商实业及理财之源……凡教理化者，在本诸实验，得真确之知识，使适于日用生计及实业之用。"（课程教材研究所，2001）[1] 这表明，物理教学的目的在于了解自然现象，获得知识，以备人生之实用；在教法上则要求以实验为本，由此"得真确之知识"，反映出素朴的探究教学意识。

1912 年，中华民国教育部首次公布《中学校令施行规则》，其中粗略地规定："物理化学要旨在习得自然现象之知识，领悟其中法则及对于人生之关系。物理化学宜授以重要现象及定律，并器械之构造作用，元素与化合物之性质，兼课实验。"（课程教材研究所，2001）[2] 1923 年，全国教育联合会新学制课程标准起草委员会刊布了《新学制课程标准纲

要》。其中，高级中学第二组必修的物理学课程纲要对教学方法做了说明："教学科学尤重自发，欲求生徒自发研究，必也所讨论之问题，与青年之经验或际遇至有关系，则教师欲说之理论，不难得机会以发表，而在学生方面则理论与事实常相伴而行，成极有力之联想，故科学之设计教学，尤较他科为主要也。"（课程教材研究所，2001）[11] 此外，还对实验做出规定："试验之多少不必规定，然一年中每人至少须做三十以上之试验，实验时当注意器具之使用，观察之精粗，养成学生有精密之观察力，至于实验之结果，不必冀其十分准确也。"1929 年，中华民国教育部颁发《高级中学普通科物理暂行课程标准》的课程目标中强调"使学生练习演绎归纳观察试验的方法，应用于研究一切学问"（课程教材研究所，2001）[24]。1932 年颁发《初级中学物理课程标准》的"目标"中，要求"养成学生观察自然界事物之习惯并引起其对自然现象加以思索之兴趣"，教法上要"以常识和生活为中心""以启发学生之理解为首要，不应令其作机械式之记忆"。（课程教材研究所，2001）[28-29]《高级中学物理课程标准》的"目标"中，要求"训练学生运用官能及手技，以培养其观察与实验之才能"，教法上要"逐渐授以物理学上所用之初步方法""讲解之时，务必多做简单实验表演""鼓励学生质疑"等（课程教材研究所，2001）[32]。1948 年颁布的《修订初级中学理化课程标准》和《修订高级中学物理课程标准》，在"目标"中增加了"养成存疑，致思，忍耐，致密及追寻结果之研究精神"的要求。可以看出，民国时期的物理教学大纲和课程标准不仅提出了知识与技能的教学目标，而且提出了科学方法和科学精神的教学目标，在教法上强调实验的作用，提倡启发思维，鼓励学生的"自发研究"和质疑，具有初步的探究教学意识。

1949 年，新中国成立。1950 年，教育部颁发《物理精简纲要（草案）》，在《初中物理精简纲要（草案）》中指出："初级中学物理学的学习路线，是从事实里引出思想的概念和联系，来织造科学知识，所以要选择简单的自然现象，和在合理的条件所划定的孤离情况之中用试验的表演，把事象的根底刨挖和暴露出来，给学生记取和理解。因此，事实的例证和剖白是列在首要地位。"（课程教材研究所，2001）[71] 在《高中物理精简纲要（草案）》中又提出："初级教材的选择偏重在现象，而教法偏重在启发和归纳，高级教材的选择偏重在实验和观察，略加计算，而教法偏重在灌输和演绎。”（课程教材研究所，2001）[84]这里提到的“灌输”方法显然是不适当的，但纲要中还是明确了实验与观察在物理教学中的核心地位。1952年，教育部编发《中学物理科课程标准（草案）》，在《初级中学物理科课程标准（草案）》中提出“初中物理学教学宜以直观方法为主，重视观察与实验”（课程教材研究所，2001）[123]，在《高级中学物理科课程标准（草案）》中提出“讲授时教师须注意启发学生思考，鼓励学生质疑”（课程教材研究所，2001）[139]。同年，教育部编订了《中学物理教学大纲（草案）》，将“培养学生观察和研究问题的正确的和科学的态度和方法”作为一项重要的教学任务，对过去的物理教学中“教师生硬地灌输定义、定律和公式，或过分致力于数学的论证和演算，而不注意阐明物理意义”的倾向提出批评，强调观察与实验在物理教学中的重要地位。1956年编订的《中学物理教学大纲（修订草案）》基本承袭了前一个大纲的思想。

1958年后，教育部编订《全日制中学物理教学大纲（草案）》，并于1963年发布（课程教材研究所，2001）[209]。这个大纲除了强调物理教学要以观察与实验为基础外，探究教学的思想体现不多。

教育部于1978年颁发《全日制十年制学校中学物理教学大纲（试行草案）》，在教法上要求“讲好物理基础知识”“加强演示和学生实验”，特别强调“物理教学要用启发式”，即“善于启发学生，使学生通过积极的思维活动，主动地获得知识；同时也要鼓励学生提出问题和发表不同的看法，组织他们进行讨论，使教学过程生动活泼”（课程教材研究所，2001）[243-244]。这个大纲于1986年修订（次年发行）为《全日制中学物理教学大纲》，其中增加了对学生进行科学态度和科学方法教育的目的和要求（课程教材研究所，2001）[315]。

1988年，国家教委印发《九年制义务教育全日制初级中学物理教学大纲（初审稿）》，其中特别提出“学生为主体、教师为主导”的观点，继续强调启发式教学、观察与实验以及科学态度（没有提科学方法）培养（课程教材研究所，2001）[344-347]。这个大纲于1992年修订为《九年制义务教育全日制初级中学物理教学大纲（试用）》。2000年，该大纲又修订为《九年义务教育全日制初级中学物理教学大纲（试用修订版）》，其中提出“培养科学探究精神”的思想，并增加了实践活动课程（课程教材研究所，2001）[457]。

1990年，国家教委修订1986年的大纲为《全日制中学物理教学大纲（修订本）》，也特别提出“学生为主体、教师为主导”的观点，同时强调启发式教学、观察与实验以及科学态度和科学方法培养（课程教材研究所，2001）[357-360]。1996年，国家教委编发《全日制普通高级中学物理教学大纲（供试验用）》，进一步强调“科学方法和科学思维训练”（课程教材研究所，2001）[402-405]。这个大纲在2000年修订为《全日制普通高级中学物理教学大纲（试验修订版）》，其中增加了课题研究的课程（课程教材研究所，2001）[434]。

从新课标之前的中学物理教学大纲和课程标准的发展进程看，对观察与实验的重视是一个不变的基本原则，而且普遍坚持了启发式教学思想，强调了学生的主动思维，反映出初步的探究教学意识；在新中国成立前就有倡导学生“自发研究”的教学思想，但并没有鲜明地坚持下来；对科学态度的教学要求较为普遍，但是对科学方法的教学要求却时有时无；2000年的大纲强调了“学生主体性和教师主导性”，并增加了实践课程和研究课程，已经具有较明显的探究教学思想。

2. 新课改前我国大陆中学物理教育理论与实践中的探究教学思想

我国的物理教育历来注重启发式教学，强调以观察与实验为基础，不论在教学观念上还是在教学操作上，都具有一定的探究教学特征，并随着历史的进程而逐步发展。

从1904年的《奏定中学堂章程》看，清末的物理教学对实验给予了一定的关注。在教学方法上，清末的物理教学主要采用由日本传入的“赫尔巴特五段教学法”，整个中华民国时期一直沿用这一方法（骆炳贤，2001）[116-117]。

中华民国时期，受杜威实用主义教育思想的影响，陶行知提出了“教学做合一”的教学思想。尽管中国教育传统对实践的轻视以及中国社会经济的落后使得物理教学采用的大多是“注入式”的方法，但一些有识之士在实验教学方面仍然做出了不懈的努力，如严济慈强调实验教学的重要性，王本祥编写了《物理器械实验法及其原理》(骆炳贤，2001)[170-177]。

新中国成立之初，中学物理教育理论都是以苏联的物理教育理论为基础，承袭凯洛夫的教育理论，按照凯洛夫的“五个环节”——组织教学、引入新课、进行新课、巩固知识、布置作业——来组织课堂教学。但是，观察与实验仍然是物理教学关注的一个重点。特别是20世纪60年代之后，物理教育在实验教学方面探索出了可喜的成就。如，朱正元教授开创了自制教具的理论和实践研究，林桐绰改进了演示实验教学，物理教育工作者开发出“边教边实验”的实验教学方式，等等(骆炳贤，2001)[282-297]。

20世纪70年代之后，我国物理教育工作者从传统的启发式教学思想和物理学科的自身特点出发，掀起了物理教育理论和实践的探索高潮。特别是随着我国改革开放的不断推进，国外的现代教育理论开始对我国物理教育产生影响，推动我国物理教育进入了一个重要的发展时期，物理教学的探究特征也逐步显现出来。

第一，十分明确地强调通过实验来研究物理现象，获得物理知识。1978年，苏州大学的朱正元(1978)在《人民教育》上发表《加强物理实验提倡自制教具》一文。文中指出：“物理学是一门以实验为基础的自然科学。……物理，就是研究物理现象的道理，要讲清楚它的道理，必须就物说理。”还提出了著名的“坛坛罐罐当仪器，拼拼凑凑做实验”的观点。朱正元教授在列举教学实例时提到，“加速度”教学应该先引导学生研究小球从斜槽滚下时速度的变化规律，然后启发学生“自觉地要求用某一个新的概念来描述这种运动”，进而建立“加速度”概念。这样的教学设计所反映的教学思想已经具有鲜明的科学探究特征。

第二，开展了广泛的物理教学实验研究，提出了具有初步科学探究特征的物理教学方法。1983年，苏州大学的许国梁(1988)立足于物理学本质特征，提出了“启发式综合教学法”，强调物理教学要按照教学规律和物理学本质特点办事，在教学过程中体现以学生为主体、教师为主导、实验为基础、物理学研究方法为主线的要求和精神，从而使学生从接受教师“灌输”的被动状态转变为在教师指导下探究的主动状态。1983年，齐齐哈尔师范学院的辛培之等(1988)主持开展了“有序启动式教学法”

的实验研究，其“有序启动式教学法”的建立参照了皮亚杰的发生认识论学说，坚持以实验为基础，启发学生动眼、动耳、动手、动口、动脑、动笔，鼓励学生的独立思维和创造性思维。

第三，基于中学物理教学实践探索，提出具有明显的科学探究特征的教学模式。如，福建省福州一中的林桐绰（1984）基于物理学科性质和自己长期的教学实践，于1984年提出了“研究式教学方法”，即“按照物理学科的特点，以实验为基础，在教师启发引导下，让学生积极主动地去探求科学知识，培养发现问题、研究问题和解决问题的能力”。他构建了“通过实验导出物理规律”的“研究式教学程序”：研究课题—学生进行科学猜想—设计实验方案—实验观测与分析、处理数据—检验猜想—科学结论—理论论证。他还讨论了“运用理论分析方法导出物理规律”的研究式教学，即“引导学生从已掌握的理论出发，运用演绎推理的思维方法和数学论证正确地进行有关问题的分析、推理、论证，得出新结论，然后再通过实验加以验证”。林桐绰的研究受到了教育界的关注，有学者认为他提出了物理教学中的归纳式探究教学模式和演绎式探究教学模式（李方，2002）[228]。可以认为，林桐绰的“研究式教学程序”是我国中学物理教育中较早的具有明显科学探究特征的教学模式。

第四，物理教育理论研究者总结了大量教学改革实验的成果，概括出探索式教学模式。如阎金铎和查有梁（查有梁 等，1996）总结了福建省中学物理教改研究会的“实验探索法”教改实验、辽宁省实验中学胡坤英的“物理实验探索法”实验、广西玉林高中刘殿雄的“指导探究法”试验、江苏盱眙县教师进修学校南冲“实验探索法”教学实践等，概括出“指导-探索模式”：提出研究课题；进行猜想，提出假设，设计实验方案；实验检验，得出结论；知识应用，巩固扩展。

第五，借鉴国外研究成果，展开对学生的物理前概念的研究。如，1990年，张晋梗、苏刚等编著了《皮亚杰理论与物理教学》，书中论述了皮亚杰的发生认识论，以及卡普拉斯基于发生认识论而建立的“学习环”模型，并介绍了劳森（A. E. Lawson）的学生运算模式测验。该书还讨论了学生在物理观察中出现的“视而不见，听而不闻”“否认事实”等现象，并对学生在日常生活中由于自发内化而形成的错误概念进行了深入分析，主张鉴别学生的“错误概念”，然后有针对性地展开实验探究，帮助学生破除错误概念（苏刚 等，1990）。

总的来看，20世纪八九十年代是我国物理教育的理论研究与实践探索出现空前繁荣的时期，物理教育工作者不是简单地采用国外的探究教学模式，而是坚持了几个基本原则：(1) 注重物理学科的自身特点，突出观察与实验的作用；(2) 强调启发式教学思想，审慎处理学生主体与教师主导的关系；(3) 立足教学实践，开展长期的、大面积的教学实验研究。在此基础上建立的探究式教学模式，已经基本包含了新课标所说的科学探究的各个要素。

二、新课改以来我国大陆中学物理探究教学研究

2001年和2003年，教育部分别颁布《全日制义务教育物理课程标准（实验稿）》和《普通高中物理课程标准（实验）》，以“提高全体学生的科学素养”为培养目标，依据“注重科学探究”等新的课程理念，制订了“知识与技能、过程与方法、情感态度与价值观”三维课程目标，明确提出科学探究的七个要素——提出问题、猜想与假设、制订计划与设计实验、进行实验与收集证据、分析与论证、评估、交流与合作，提出了相应的科学探究能力的要求，将科学探究作为学生的学习目标和重要的教学方式，从而确定了科学探究教学在物理教学中的核心地位。

随着物理新课标的研制和推行，我国中学物理探究教学研究迅速成为中学物理教学改革的热点和核心，并取得了一系列成果。

第一，新课标研制组对科学探究及科学探究教学进行了多方面的论述，主要包括（物理课程标准研制组，2002）：

（1）物理教育中的科学探究概念，即“科学探究是学生在物理课程和现实生活的情境中，通过发现问题、调查研究、动手操作、表达与交流等探究性活动，获得知识、技能、方法的学习方式和学习过程”。

（2）科学探究过程和要求，即科学探究的七个要素（提出问题、猜想与假设、制订计划与设计实验、进行实验与收集证据、分析与论证、评估、交流与合作）以及相应的教学实施策略。

（3）科学探究的课题选择，要求课堂内的探究活动和课外探究活动

都应以物理课程的核心知识作为探究内容，难度适中，有利于激发学生的兴趣，有利于发展学生的科学思维和科学素养。

（4）科学探究的教学设计，主要环节是：选择探究的内容；确定科学探究的类型（实验性探究、基于测量的探究、工程设计性探究、技术设计性探究、开放性探究）；确定教学的组织形式（教师指导下的探究性学习、分工或分层进行的探究性学习、小组合作式的探究性学习、完全开放式的探究性学习）；活动设计和材料准备。

（5）探究教学实施中的问题，主要是参照国外成果，讨论了探究教学的模式问题、探究教学与传统教学的结合问题、教学的学时问题。认为科学探究教学没有固定不变的模式，已经构建的各种模式基本都包含问题、事实、解释、评估、发表五大要素；探究教学与传统教学的结合表现为“探究的不同程度”；对教学时间问题的认识需要更新教学概念，突破知识中心的惯性思维，全面、合理地评价学生的学习，重视探究过程。这些成果对中学物理新课程的实施产生了广泛而重要的影响。

第二，物理教学论著作对科学探究教学进行了讨论。如，在课堂中的探究教学实施问题上，有的主要是对新课标中科学探究的七个要素予以阐述（封小超 等，2005；陈刚 等，2006），有的是在其中的个别环节上做一些修改（李新乡 等，2005），有的则将其整合为“创设情境、探究思考、学以致用、概括强化”的课堂教学步骤（刘力，2007），或者归纳为“探究问题、探究过程、交流展示”的结构要素（陶昌宏，2008），有的将其与传统教学理论进行了整合（阎金铎 等，2008）。

第三，尝试对物理探究教学做出进一步解释。如，有研究者（郑纪茂，2003）从信息加工角度解释物理探究教学，认为探究式教学的信息运行模式分为准备、启动、处理、信息应用反馈等四个环节。其中，准备环节包括教师、学生共同提出假设、制订行动计划；启动环节包括收集信息；处理环节包括组织加工信息；信息应用反馈环节包括信息交流、成果展示等。另外，该研究者还用认知的信息加工系统结构模型解释了探究式教学的信息加工规律。

第四，对科学探究中的知识建构问题进行了进一步探讨。如，以表征科学知识创造过程的“知识维”模型为理论基础，对科学教学中“科学探究”与“知识建构”思想的统一进行了探索，提出了“探究–建构式教学的要素模型”（郭玉英，2004）。

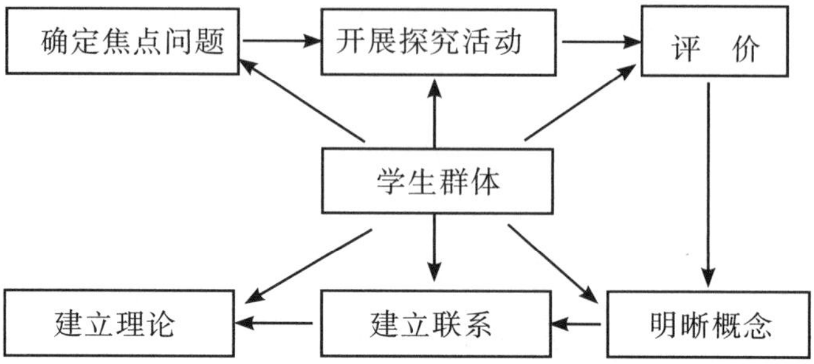

图 1–5 探究–建构式教学的要素模型图

又如，研究者（吕云宾，2005）基于奥苏伯尔的有意义学习理论、“知识维”模型以及他人相关成果，构建了物理“探究–建构”式教学的基本教学程序，其中“学生活动”的步骤是:（1）获取信息、发现问题;（2）假设、观察、实验、推理;（3）表征、交流、联系、建构;（4）积极迁移、应用创新。这一研究给出了“探究–建构”式教学的一种课堂教学实践操作程式。

第五，对科学本质进行了相关研究，主要是引介国外关于科学本质研究的成果，对我国教师与学生的科学本质观进行调查分析，对科学本质教育进行探讨（田春凤，2009）。

第六，将“概念转变”理论、模型思想渗透到科学探究教学之中。如研究者对物理教学中的概念转变进行了引介（Scott et al.，2003），并借鉴国外的实证研究方式对学生的已有认知进行了大量的研究（曲亮生 等，1999；郑朝阳 等，2006），提出了“概念支撑体系”（徐宁，2009）。又如，研究者（郑梅芳，2001；陈艳，2004；何迎春，2008）将物理模型的建立引入探究教学。

三、台湾地区中学物理探究教学研究

早在 20 世纪五六十年代，台湾就借鉴美国的做法，进行了科学教育的实践与改革。到 20 世纪 70 年代，台湾科学教育者考虑自身的特点，开展了大规模的调查研究，然后制订实验改革方案，进行实验推广。在这期间，他们提出的“现代启发式教学方法”，以探究过程为主，启发学生思考，让学生通过探究学习来学习科学概念、科学方法，培养科学态度（李济英，1999）[42-143]。20 世纪 90 年代，台湾学者已经在关注科学教育中的建构主义思想，并引介了国外的建构主义教学步骤:（1）确定探讨的方向；（2）引发学生的想法；（3）透过讨论、概念冲突的情境及实验来重建新的概念；（4）应用新发展的概念到各个情境，以增强新概念的意义；（5）省察概念改变的历程，以学习如何学习（魏明通，1997）[46-50]。

近年来，台湾学者始终紧随国外科学教育发展的趋势，在探究教学研究中广泛开展了概念转变以及模型与建模的探索。

佘晓清（Hsiao-Ching She，音译）（She，2002，2004；She et al.，2008）参照国外概念转变的理论，采用实证方法研究中学物理教学，提出了“双重情境学习模型”（Dual Situated Learning Model，DSLM）（如图 1-6 所示）。

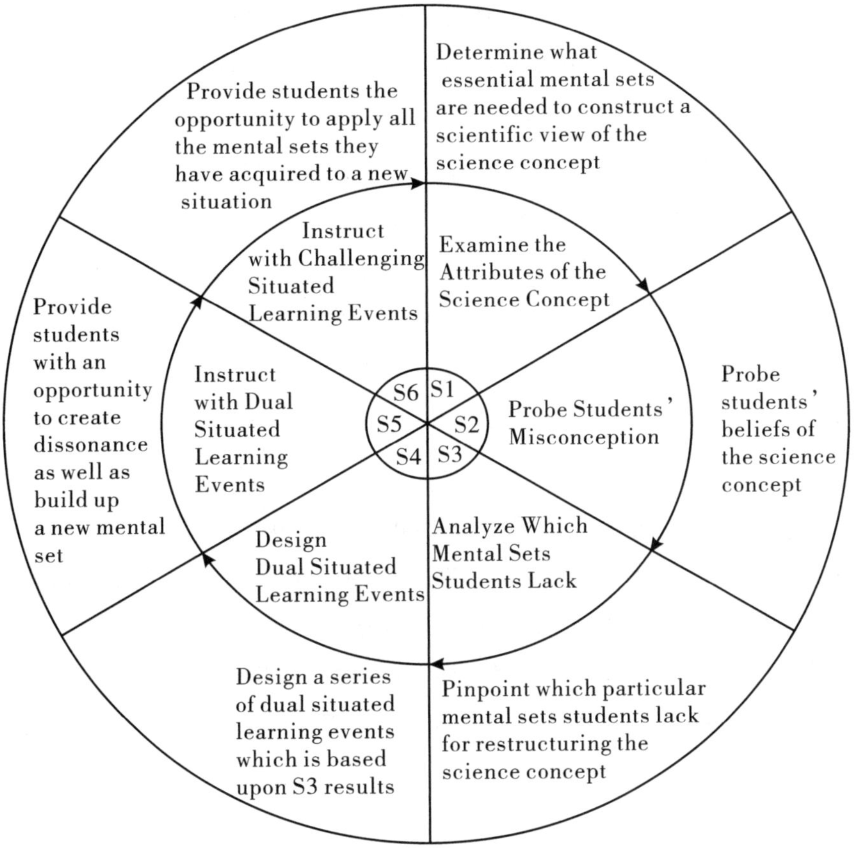

图 1-6 “双重情境学习模型”图

“双重情境”是指情境学习事件的构成要基于三个方面的“双重”：

（1）考虑科学概念的本质和学生对科学概念的已有观念；（2）引起学生与已有知识的认识冲突，并为学生获得科学认识提供新的心向（Mental Set）；（3）激发学生的动机，挑战学生的概念以及科学概念的认识论与本体论信念。这一模型包含6个阶段：（1）考察物理概念的属性；（2）探查学生的迷思概念；（3）分析学生认识科学概念属性所缺乏的心向；（4）设计双重情境学习事件；（5）运用双重情境学习事件进行教学；（6）运用挑战性情境学习事件进行教学。其中，第（1）、（2）、（3）、（4）环节是在课堂教学之前进行的。

20世纪90年代初，有学者以认知心理学理论及近代测量理论为基础，探讨了科学知识的心智模型问题，并通过实证方法，研究了中学生关于凸透镜成像理解的心理表征（许荣富 等，1993；许荣富，1993）。由此可以看出，台湾学者在较早的时候就已经在科学教育中展开了对心智模型的探讨，并对学生的建构性学习过程中心智模型的诊断与表征给予了极大的关注。

20世纪90年代末至今，模型与建模逐步成为台湾科学教育领域的研究热点和重要方向。从收集到的文献看，台湾师范大学科学教育研究所的邱美虹应该是这一研究方向的一位学术带头人。邱美虹带领的研究团队主要参照吉尔伯特（J. K. Gilbert）、赫斯顿斯（D. Hestenes）等国外学者的相关研究成果（参见本章第三节“二、科学探究教学理论的研究进展”中的“2. 物理教育中的建模理论”）来理解模型概念与建模过程，并带领其学术团队发展出描述学生模型观点及其建模能力的三面向（本体论、认识论、方法论）建模架构（邱美虹，2008）；探讨了模型、心智模型（亦称心智模式）、实体或现象之间的关系（邱美虹 等，2008）；对基于概念转变的探究教学的教－学序列进行了理论探讨和实证研究（林静雯 等，2009）；用实证方法对中学生模型及建模历程问题进行了研究（林静雯 等，2008），对学生在特定物理知识学习中的心智模式及其发展进行了研究（张志康 等，2009）。

第三节 国外物理教育中的探究教学研究新进展

自美国国家研究理事会1996年颁布《美国国家科学教育标准》，以及2000年编发《科学探究与国家科学教育标准》以来，科学探究教学的研究与实践一直是国际科学教育领域的重要主题。那么，这一时期国外物理教育界对科学探究教学的认识有什么发展变化？理论研究的进展如何？中学物理教育中的探究教学实践状况如何？下面我们分别予以介绍。

一、科学探究教学概念的认识发展

国外科学探究教学发展大致分为三个时期（Sunal et al，2006）[219-223]，不同时期，科学探究教学的关注点有所不同。早在19世纪末到20世纪早期，科学之所以能够进入K—12课程是基于科学家的一种信念：科学可以为学生提供观察自然界并通过归纳做出结论的机会，当学生在实验室进行独立探究时，他们的智力就可以得到发展。这一时期的科学探究教学注重观察和思维等过程技能。然后是20世纪五六十年代的理科课程改革时期，科学探究教学倡导让学生像科学家一样去发现。当时的教材注重批判性思维技能和科学本质，但探究被高度结构化，很少让学生去提出要探究的问题，构建要检验的假设，预见实验结果，设计自己的实验，运用实验技能，以及提出新的问题等。第三个时期就是20世纪80年代至今，对科学探究教学的认识集中体现在《美国国家科学教育标准》和《科学探究与国家科学教育标准》中。

总体上看，目前国外研究者基本上还是采用《美国国家科学教育标准》和《科学探究与国家科学教育标准》对科学探究教学的描述。如："科学探究是一个过程，在此过程中，'学生描述物体和事件，提出问题，构建解释，检验基于已有科学知识的解释，与他人交流自己的看法'，学生'确认他们的假设，运用批判思维和逻辑思维，考虑各种不同的解释'"（Sunal et al.,2006）[221]；科学探究是"一系列相互关联的过程，通过这些过程……学生提出关于自然界的问题并探索现象；通过这些活动，学生获得知识并发展对概念、原理、模型和理论的正确理解"（Flick et al.，2006）[33]。

对于科学探究教学的要素，研究者也普遍引用《美国国家科学教育标准》和《科学探究与国家科学教育标准》所列出的问题、证据（事实）、解释、评价、交流五个方面（Flick et al.，2006）[10-11，170]（Minner et al.，2009）。不过，他们都承认，人们对科学探究教学的概念以及要素的理解并未取得共识。

尽管如此，我们还是能够从相关文献（Flick et al.，2006）[9-34]（Minner et al.，2009）中归纳出关于科学探究教学概念理解的某些趋向，主要有：

（1）不再简单地用动手（Hands-on）、儿童中心（Kid-based）、过程导向（Process-oriented）、动手动脑（Hands-on，Minds-on）乃至学习导向（Learning-oriented）等来衡量科学探究教学，承认科学探究教学某些环节中的教师中心（Teacher-centered）地位。

（2）在科学探究教学目标上，愈来愈重视对科学内容的理解，而且既强调科学内容的文化、学科以及智力价值，也强调科学内容在日常决策和问题解决中的应用。

（3）愈来愈重视建构主义的学习观念和教学主张，强调建构主义教学法与科学探究教学的一致性。

（4）重视学生对科学本质的理解，强调科学探究教学方法与科学本质的一致性。

二、科学探究教学理论的研究进展

20 世纪七八十年代，库恩等人的科学哲学观点、认知领域的新成果以及建构主义思潮对五六十年代兴起的科学探究教学的理论研究产生了巨大影响。正是在这一背景下，Posner 和 Hewson 等人基于对儿童科学学习中的错误概念的研究，建立了影响深远的概念转变理论。据 Pfundt 和 Duit 1991 年的统计，物理教育领域的概念转变研究数目占到了 70%（斯特弗 等，2002）[213]。

近年来，物理教育领域的科学探究教学理论研究的重要进展表现在两个方面：一个是在概念转变研究基础上提出了物理认知的“资源模型”理论，另一个是“建模理论”的建立和发展。

1. 物理教育中的资源模型理论

概念转变的经典模型是波斯纳等人提出的理性模型（Posner et al., 1982）。该模型认为当学生的已有概念不足以成功把握新的现象时，他们必须替换或重组其核心概念。概念转变必须满足的条件是：对已有概念产生不满，新的概念必须是可理解的、合理的、富有成效的。概念学习发生在一个概念境脉下，即包括反例、类比、隐喻、认识论信念、元物理信念、其他领域知识、竞争性概念等，称之为“概念生态”。

在概念转变研究中，除了波斯纳等人的理性模型外还有其他一些不同的模型，尽管这些模型间还存在诸方面的差异，但也形成了一些基本共识（高文 等，2009）[171-199]，如：（1）儿童拥有先前知识和自发的概念结构；（2）儿童是根据自身的日常经验来认识并解释世界的；（3）儿童已有的根深蒂固的本体论和认识论假定会影响甚至限制新信息的获得；（4）传统的教学很难真正促进学生的概念转变。

美国学者、马里兰大学物理系的 David Hammer（2000）认为，关于学生的迷思概念和学习困难的研究在两个方面是有局限的：一是它们对概念理解进程中学生所具有的富有成效的资源没有提供解释；二是关于学习困难的描述没有对潜在的机制提供分析，而迷思概念的观点也不能解释学生推理的情境敏感性（Conceptual Sensitivities）。因此，他提出了“资源”概念，并对“概念资源”（Conceptual Resources）和“认识论资源”（Epistemological Resources）进行了讨论。在此基础上，Tuminaro（Tuminaro et al., 2007） 及 Sabella（Sabella et al., 2007）等人发展出“资源模型”。

资源模型源自一个综合神经科学和认知科学研究成果而建立的认知模型（Tuminaro et al., 2007；Sabella et al., 2007）。在这个模型中，知识和记忆的认知要素由神经元的联结网络来表征。特定知识的元素（Elements）具有多元样式（即包括多种感觉器官的激活和解释、解释结构），包含着大脑中许多部分的神经元。当某人回忆或使用由特定网络表征的知识时，这个网络的神经元就被激活。激活可以是高度动态的，并随着内部和外部情境的变化而兴奋或抑制。由于认知网络可以在大脑中扩展，并且神经元含有大量联结其他神经元的突触，因此单个神经元就可能成为多个相互联结的知识结构的一部分。这样，一个网络的激活就可能导致另一个网络的激活。新的突触的生长改变了原有的网络结构，进而导致学习的发生。

基于上述认知模型，Redish、Tuminaro 及 Sabella 等人提出了关于物理教育的认知资源模型（the Resource Model of Cognition for Physics Education）。“资源”指的是学生在思考物理问题时可能用到的知识的基本元素。一个资源是一个基本的认知网络，它表征学生的一个知识元素或学生趋于同时激活的一系列知识元素。由于不同个体可能以不同方式联结他们的知识，因此不同个体可能将不同水平的知识结构作为资源。之所以使用“资源”这一术语，是要强调，一个特定知识就是学生能够回忆起来解决问题或得出结论的东西。因此，资源无所谓对与错，也不必表征一个成熟的概念。一个概念（或迷思概念）可能起源于一系列资源的激活。Redish、Tuminaro 及 Sabella 等人认为，理解学生思维的关键问题是，在一个情境下，学生的资源是如何被激活的，被什么刺激激活的，以何种组合被激活的。于是，他们引入“联结模式”（Pattern of Association）概念，用以表示这样一些联结——一个或更多资源的激活导致其他资源的自动激活（有某种可能性，在某种情境下），并将频繁或容易被激活的联结模式称为“知识结构”（Knowledge Structure）。这里之所以不用传统的“图式”（Schema）术语，是因为联结模式和知识结构概念具有更多易变和动态的特征，且与基于神经科学的模型相一致。

Redish 和 Sabella（Sabella et al.，2007）又参照行为科学的相关研究，特别是其中关于专家与新手的对比研究来进一步说明联结模式和知识结构的观点，认为个体激活某一知识结构依赖于个体得到的线索以及对这些线索的解释。个体根据线索激活适当的知识结构可能容易，也可能困难，这取决于个体如何解释相关信息。在这一点上，专家与新手是不一样的。他们认为，学生难以激活其他更有用、更坚实的知识结构，可能是他们只专注于局部的知识结构。Redish 和 Sabella 引用了其他研究者的一种知识结构的图形表征方式（如图 1-7）。

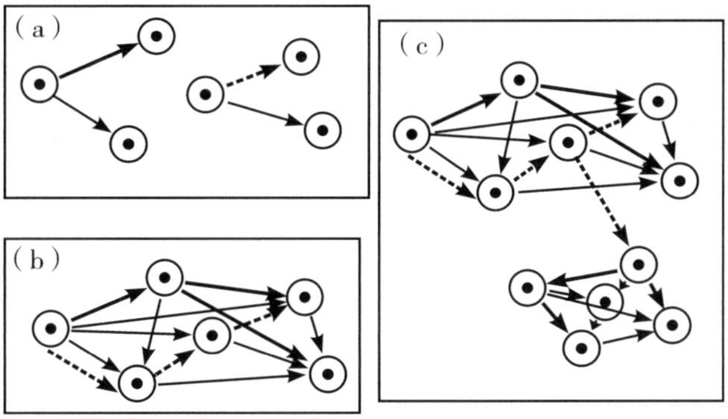

图 1-7　知识结构表征图

图中的节点表示知识资源——陈述性事实和程序性规则，连线表示事实与规则之间的联结，其中还隐含着线索情境和各个联结的可能性权重。图中，(a) 图表示部分联结，(b) 图表示全部联结，(c) 图表示子结构之间的弱联结。新手通常具有部分联结的知识结构，导致他们使用种种明显的、表面的（或许是相互矛盾的）而不是深刻的、相互一致的原理。Redish 和 Sabella 认为，在个体的知识结构中，一些联结要强于另一些联结，因为当一个节点被激活时，与其形成强联结的节点被激活的机会更多，而不是简单地激活与该节点形成的所有联结，这使得个体从某一特定节点来选择适当的联结成为可能。

为了进一步说明联结模式的提取和激活，Redish 和 Sabella 又引入“局部一致”（Local Coherence）和“整体一致”（Global Coherence）概念。如果使用者认为知识结构中的知识元素是密切相关的，而且使用时彼此之间也是适当的，那么这样的知识结构就是局部一致的；如果使用者认为他们所理解的一系列局部一致的知识结构对于问题解决是明显适当的且可以联合运用的，那么这样的知识结构就是整体一致的。比如，图 1-7(c) 中，上端和下端两簇节点表示的是两个明显相关的局部一致的知识结构，如果二者在问题解决中彼此适当，可以共同使用，它们就是整体一致的。他们强调，这里的知识结构描述的是个体的思维过程，而不是头脑中的一个刻板的结构，因此知识结构是动态的，并能随着学习的增加而发展。当学习者更接近于专家时，什么样的知识结构被视为局部一致或整体一致也会发生改变。

Redish 和 Sabella 认为，在最简单的层次上，资源模型突出了帮助学生建立物理课程中相关主题之间的清晰联系的重要性。另外，资源模型还要求物理教材和考试的设计应帮助学生发展各种物理概念之间、定量知识与定性知识之间的联系。

2. 物理教育中的建模理论

建模理论（Modeling Theory）也称模型理论（Model Theory）。物理教育中的建模理论具有和概念转变理论基本相同的产生背景，它是 Hestenes, Halloun, Wells 和中学教师 Swackhamer 等人组成的研究团队立足于物理教学研究而提出的。近年来，建模理论有了进一步发展并受到广泛关注。

Hestenes 是美国亚利桑那州立大学物理系的教师，他在大学物理导论课程的教学实践中，也曾像 Novak 等人一样对学生的错误概念进行过深入研究，但却选择了与概念转变有所不同的研究取向。Hestenes（1987）认为，一个教学理论必须回答两个问题：所教学科的基本要素（Essentials）是什么？如何才能有效地教授这些基本要素？为了回答第一个问题，他分析了科学知识的结构，认为模型和理论是构成科学知识结构的基本要素；为了回答第二个问题，他借鉴了认知科学的研究成果——人们理解关于真实世界的命题只能通过建构该命题所涉情境的心智模型来实现，提出物理教学的建模理论。

在这一时期，建模理论将表征物质世界的数学模型作为物理教学的核心主题，并提出了建模策略的四个阶段：描述（Discription）、公式表达（Formulation）、推演（Ramification）和验证（Validation）。Hestenes 特别指出，在物理学家看来是理所当然的“建模理论”，在物理课程与教学中却没有受到应有的重视。为了检验建模理论的有效性，Hestenes 等人（Halloun et al.，1987）开发了“以建模为中心”的教学策略，并运用于大学物理导论课程中力学问题解决的教学设计，取得了积极的效果。不过，这一时期，Hestenes 对建模理论的思想基础的阐述还不够深刻，而其建模理论的应用也只局限于物理问题解决中的数学模型的构建。

随后，Hestenes（1992）进一步从认识论的高度来阐述他的建模理论。他认为，科学这场宏大的游戏（Great Game）就是对真实世界进行建模，每一个科学理论都为这场游戏制订出一系列规则；这场游戏的目的就是建构真实对象和过程的有效模型，这样的模型构成了科学知识的核心；理解科学就是要搞清科学模型是如何建构和实证的。从物理学科自身特点出发，Hestenes 对牛顿理论进行了深入的剖析，认为牛顿定律致力于描述真实物体运动的某种规律性，这些规律性的确内在于自然，但若没有充分的概念被发明出来描述它们，这些规律性是不可能被发现的。因此，他不赞同马赫的实证论观点——物理概念的意义是从物理经验中抽象出来的，而是赞同爱因斯坦的主张——物理概念是人的精神的自由发明，赞同建构主义观点——意义是建构的，并通过与经验相比较而使经验获得意义。

为了阐明其建模理论的建构主义认识论观点，Hestenes 借助 Popper 的“三个世界”模型来说明存在于物质世界（Physical World）的真实事物与过程，存在于精神世界（Mental World）的心智模型以及存在于概念世界（Conceptual World）的概念模型三者之间的关系。他认为有关物质世界的知识就是通过建构物理现象的模型来获得的，但作为科学知识的概念模型是由科学家的协作活动建构的，而作为个人知识的心智模型则是在个体的心理中建构的。概念模型源于由科学家的个体心理所创建的心智模型，而个体对概念模型的理解只能通过创建表征它的心智模型来实现。

Hestenes 团队十分清楚，将建模理论运用于大学物理的问题解决仅仅是第二位的，更重要的运用在于指导学生进行科学探究，实现概念转变。为此，团队成员 Wells 在中学物理教学中进行了长期的实践探索（Wells et al.，1995）。Wells 是一位勤于钻研的中学教师，他经历了美国 20 世纪五六十年代的课程改革运动，并深受影响。那时，他的教学已经摒弃了传统的讲授式教学方法，热衷于以 Karplus 的“学习环”（Learning Cycle）理论为基础的“以学生为中心”的探究教学方式。然而，当他运用 Halloun 开发的 Mechanics Diagnostic Test（FCI 的早期版本）对自己的学生进行测试时，却发现结果十分糟糕。后来的测试数据表明，他的探究教学的效果并不比传统教学的效果好多少。Wells 对自己的学生进行了访谈，得出的结论是：自己的教学方法缺失了某些基本要素。于是，他求助于Hestenes等人的建模理论，在教学实践中进行新的探索。Wells运用建模观点对Karplus的“学习环”进行了重新解读，并结合Hestenes的四个建模阶段，开发出“建模环”（Modeling Cycle）教学策略。Wells还对三种教学方法——合作探究方法、传统教学方法、建模方法——进行了对比实验研究，结果表明，与另外两种方法相比，建模方法具有显著的积极效应。

Hestenes团队继续发展其建模理论，提出了图式建模（Schematic Modeling）的概念（Halloun，1996，1998）。他们将图式建模看作是一种基于认知研究的认识论框架，认为模型是任何人的知识的主要成分，而建模则是在真实世界中建构和使用知识的主要认知过程，并且是一种系统性活动。他们认为，科学模型包含四个维度：领域（Domain）——模型所涉及的对象，是一套具有共同结构或行为特征的物理系统；构成（Composition）——模型的内容、环境、对象描述符和相互作用描述符；结构（Structure）——表征模型对象的物理性质的描述符之间的相互关系；组织（Organization）——同一理论中不同层次、不同组别的模型之间的关系。

模型和建模是建模理论的两个核心概念。在Hestenes（1987，1992）的建模理论中，模型是一种“对象的替代物，是对真实事物的概念表征”。Hestenes区分了模型的两种不同表征方式：一种是以数学、图形、图表等方式表示的外部（客观的）表征，一种是某人头脑中的内部（心理的、主观的）表征。他们所说的科学模型主要指数学模型，同时指出，个体要理解作为科学知识核心的数学模型，必须建立与之相应的心智模型。

对于建模过程，Hestenes将初期的四阶段建模策略进一步用一个结构图加以表示（见图1-8）（Halloun，1996）。

这一建模过程大致包括四个阶段：识别和描述物理系统的构成成分、选择和建立模型、处理和分析模型、证实和确立模型。

Wells的“建模环”将建模分为两个阶段：第一个阶段为模型发展（Model Development）阶段，即Hestenes的上述四个建模阶段；第二个阶段为模型调度（Model Deployment）阶段，即以不同方式将模型运用于新的不同情境，用模型来描述、解释、预见或设计新的实验（Wells et al.，1995）。

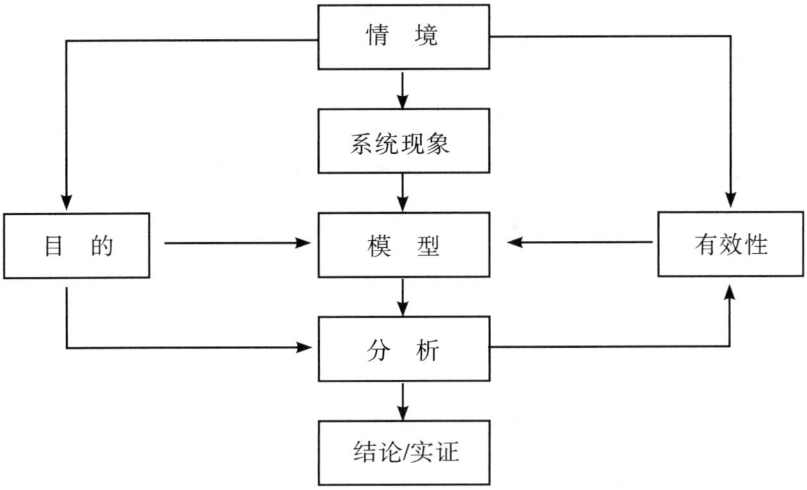

图 1-8　Hestenes 建模过程的图式表征

Halloun（1998）也提出了建模的五个步骤：模型选择（Model Selection）、模型建构（Model Construction）、模型效化（Model Validation）、模型分析（Model Analysis）和模型调度（Model Deployment）。大致等同于 Wells 的“建模环”所包含的五个步骤。

近年来，Hestenes 团队的建模理论已经引起了科学教育界的关注。Shen 等人（Shen et al.，2007）认为，虽然概念转变理论已具有广泛的影响，但作为一种改变教学的手段，它在教学中的应用还面临许多困难，而与之不同的建模理论则正在迅速发展，这是因为建模理论不仅能解释概念转变，而且加入了新的要素。他们认为，这种发展趋势源于三方面的根本原因：（1）建模方法认同多样化的推理方式，这些推理方式包含了诸如动觉的、图表的、图形的、命题的等多种表征方式；（2）建模理论不仅描述了概念转变的机制与动力，而且为科学教育中的概念学习提供了教学策略；（3）科学教学中的模型方法强调了操作和建构模型以及考虑替代物时学习者活动的作用，即通过建模过程，学习者可以体验科学模型的功能，并以自己的方式实践建模过程。

目前，不同研究者对模型以及建模的理解远未取得一致性见解。

关于模型概念，巴西学者 Greca 和 Moreira（2002）对心智模型的理解与 Hestenes 大致相同，而他们又进一步将外部表征分为物理模型和数学模型。其中，物理模型指的是对物理系统进行简化或理想化的结果，但强调物理模型与客观实在（Reality）之间的关系是复杂的，不是一种图片式的映照关系。从台湾学者邱美虹等人的研究总结来看，一般认为，心智模型（亦称心智模式）是个体用以表达对实体、现象的观察和理解的个体化的心理表征方式。它既是一种个体运作和调节的动态认知结构，也是一种个体拥有的知识架构。心智模式可以通过图像、符号、文字、肢体动作等多元方式加以表征（邱美虹，2008；邱美虹 等，2008；张志康 等，2009）。

以色列学者 Snir 等（Snir et al.，2003）对科学模型的一般概念进行了讨论，他们强调：科学模型不是对系统的真实描写，而是为了解释客观实在的某些方面而做出的一套假设；科学模型只是对客观实在进行形象化及做出解释的临时性变通工具；同一客观实在可以有多种不同的模型；科学模型是由它的解释力、预见力及其内在一致性进行评价的。

关于模型建构，Shen 和 Confrey（2007）认为，Hestenes 的建模理论系统地描述了模型以及建模过程的特征概貌，但其关注的焦点是专家如何看待模型，因此没有直接讨论模型是如何由常识中的原初观念发展而来的，而且其建模步骤所强调的相对来讲还是一个线性的过程。于是 Shen 等提出“转换建模”（Transformative Modeling）的概念。按照转换建模观点，学习者在相关情境中会首先形成一个初步的模型，然后在反复的观察以及与他人的交流中，添加新的要素，寻找局限，解决不一致，对模型进行修改、替换等，逐步形成较为稳固的模型。

Shen 和 Confrey（2007）认为，通常建模教学集中在三种可能方式上：其一，学生运用、探索和转换已有的工具和模型；其二，对相异模型进行比较和对照；其三，个体为当前的需要进行新模型的构建。他们强调，尽管研究者更多地关注第三种教学方式——新模型的构建，但在一些情况下上述三种方式都会涉及，其中模型转换的作用是十分明显的。显然，Shen 和 Confrey 的转换建模观点将关注的焦点从模型的建立转向学习者的心智模型的转换过程，这一点无疑是极有价值的。

另外，Frederiksen 等人（Frederiksen et al.，1999）也曾将建模过程看作是一个由低级模型（Lower-level Models）向高级模型（Higher-level Models）不断演进的过程。

三、中学物理课堂中的探究教学实践趋向

在中学物理课堂探究的实践方面，美国教师 David Hammer 和 Colleen Megowan-Romanowicz 的教学案例，可以帮助我们了解目前国外的发展趋向。

David Hammer（1997）是美国塔夫斯大学（Tufts University）教师，曾作为中学的客座教师，在物理教学中尝试运用学生通过讨论进行发现学习（Discovery Learning）的教学方法。他指出，教学具有内在的不确定性，教师和教学材料不能决定学生所发现的东西；学生可能会通过合理的探究发现错误的观念，因此教师不能认为好的探究会导致正确的知识。他还认为，促进学生发现学习的过程也是教师发现教学（Discovery Teaching）的过程，即教师要探究学生的参与、知识和思维，这样才能知道其教学的目标和成果。

Hammer（1995）对中学物理课堂上学生通过讨论进行探究的一则案例进行了分析研究。这则案例针对的是高中物理中物体运动的内容。首先，教师设置一个生活情境中的相关物理问题：假如你坐在一辆运动着的车里，将一个小球竖直向上抛向空中，这个小球会回落到你的手中吗？学生基于各自的经验对此问题进行讨论，呈现两种不同的观点：一种认为小球会落回手中，一种认为小球会落在后面。之后，教师引入另一个情境：水平平面上有一辆小车，上面装有一个可以竖直发射小球的圆筒；如果抓着小车不动，可以证实，发射小球后，小球就会沿直线向上运动，然后落回到圆筒中；那么，如果推一下小车，然后发射小球，会发生什么现象——小球落入圆筒，还是落在圆筒之前，或之后？接着，在实施这一实验之前，教师让学生对这一问题进行了 20 分钟的讨论：开始时，学生只陈述结论，却不做解释；于是教师将问题重新变换，以促使学生对自己的预测做出解释；接下来，教师让学生进行了开放式的讨论。Hammer 选择了其中近 6 分钟的片段进行分析，结果发现学生有如下表现：（1）兴趣高昂，积极参与；（2）寻求因果要素；（3）连接其他情境；（4）构建理想实验；（5）陈述不同观点；（6）发现关键问题；（7）达成共识。整个讨论过程中，学生不仅暴露出许多相关的前概念，还会引用一些不

准确的经验事实来支持自己的解释，但通过相互质疑，最终达成一致见解。

Hammer的探究教学案例所展示的教学策略是：先引入一个生活情境问题诱发学生的经验认识；再呈现一个与所学知识内容密切联系的可以实现的真实物理事件，并由此提出挑战性的问题；在展现此事件之前，先让学生做出各自的预测和解释，并引导学生以开放的形式进行相互质疑、讨论；通过讨论，逐步聚焦问题，达成某些较为集中的观点；展现事件，实施观察、测量，依此对不同观点进行检验，促使学生修正或强化自己的解释，力争达成一致性见解。这一探究教学案例将学生置于一种真实的探究情境中，能充分引发学生的已有认知和深层思考，实质性地促进学生的概念转变。

Colleen Megowan-Romanowicz是美国亚利桑那州立大学的科学教育教师。2010年8月，在北京师范大学召开的“中国教育学会物理教学专业委员会2010年年会暨国际物理教育论坛”上，她做了题为“物理学科的建模教学方法”的报告，并在北京师范大学第二附属中学展示了一段建模教学观摩课。

在这段教学中，Colleen Megowan-Romanowicz首先创设一个物理情境：一质量为1000kg的小汽车以30km/h的速度向右行驶，一质量为5000kg的卡车以30km/h的速度向左行驶，二者发生相撞。然后，她让学生以小组为单位，在各自的白板上描绘出两车相撞前后的情况。接着，她引导学生在黑板上用“速度－质量”坐标系表示两车碰撞前的动量以及碰撞后的总动量。接下来，她让全班围成圈，将各自在白板上描述的情况向大家展示，解释各自的含义并相互质疑和辩护。最后（此处略去中间一段关于一个小车撞在物体上原速返回的演示及描述、分析），她演示了一个大质量模型小车与一个小质量模型小车相向碰撞的现象。

这段教学的特点是教师利用学生在白板上所做的情境描述，揭示学生关于该碰撞现象的心智模型，并进一步通过学生的解释以及辩护，引发学生的已有认知及深层思考，进而通过交流、讨论以及现象演示，促进学生的心智模型向科学模型转化。

上述两个教学案例中的科学探究不是对知识的线性实验归纳或形式化的“假设－检验”，而是对学生认知的引发、显现、交流、调节，着力于学生的概念转变或心智模型的转换。

第二章 中学物理探究教学的问题聚焦及论述框架

本书所要着力解决的有关物理探究教学的核心问题到底是什么？我们将从哪些方面展示对这一问题的研究？本章就这两个问题进行讨论。

第一节 中学物理探究教学的问题聚焦

本节首先讨论本书的核心问题。要明确这一问题，需要先对相关研究进行讨论，然后才能将问题进行聚焦。

一、对已有研究的讨论

1. 关于国内教育与心理学界的相关研究的讨论

我国教育与心理学界关于探究教学（学习）的研究密切关注着国外的研究进展，及时地将国外的新思想、新理论、新模式引介到国内，并基于各自的立场加以解读，这对国内探究教学的研究与实践起到了积极的引领作用。在与本书的研究主题密切相关的方面，上述研究对探究教学的核心概念、理论基础、操作模式、课堂实施等方面的论述，是我们研究中学物理探究教学的重要学术基础。

但是从中学物理学科教学角度看，上述研究或者偏重于国外已有成果的引介与讨论，或者偏重于高度概括的思辨性的理论阐述，往往缺少深入我国中学理科教学实践的研究例证，缺少结合物理学科本体论知识的深入阐述，难以在微观层面上进一步解决中学物理探究教学实践中存在的深层次问题。

就本节所关注的主题而言，由于人们对知识建构的微观神经机制了解甚微，因此对探究学习、探究教学以及科学探究等核心概念，目前只能给出描述性的界定，即倡导学生要“像科学家那样”“以类似于科学家的方式”进行探究学习，实现知识建构。但问题是，科学家的研究方式及认知的建构特征究竟如何？学生的探究学习方式与科学家的研究方式究竟应该“类似”到何种程度？如果对这些问题认识不清晰、不合理，所谓的探究教学就可能走入歧途。事实上，我国教育与心理学界对这些问题的讨论是十分有限的。

另外，尽管研究者从理论上阐述了探究教学（学习）的建构本质，但是在实践操作上除了引介国外的若干教学模式外，给出的普遍是线性的“问题—假设—实验检验—科学概念”模式（包括与此相类似的新课标中的七要素科学探究模式）。尽管这类探究模式已经明确了探究过程的许多关键要素，但由于对探究过程的非线性特征讨论不够，使之在实际运用中表现为一种线性的实验归纳模式（参见第四章第一节“典型探究教学模式分析”）。这类探究模式所体现的更多的是建构主义所批评的客观主义倾向，即认为科学知识就是从客观现象中逻辑地归纳出来的，而没有对知识建构过程中那些主观的、非逻辑的环节与因素给予更多的关注。可以说，这类教学模式与相关理论是严重不协调的。

2. 关于我国中学物理探究教学研究的讨论

我国早期的物理教育之所以含有初步的探究教学思想，主要得益于传统的启发式教学思想和物理学科本身所具有的以观察与实验为基础的特征，到中华民国时期又受到杜威实用主义教育思想的影响。20 世纪八九十年代，物理教育中的“探索式”教学模式已经具有了与目前的科学探究七要素模型几近相同的程式。但是，这一时期对物理学本质和物理学习的建构特征的讨论不多。另外，当时虽然有研究者注意到前概念对物理学习的影响，但遗憾的是这方面的研究并没有深入进行下去。探索式教学研究的可贵之处是进行了大量的教学实验，在改变传授式教学方式方面取得了明显进步，但理论方面的探讨不够深刻，而且教学实验方式简单，缺乏针对具体学科内容的深入、细致的研究。

进入 21 世纪，我国物理新课标的研制进一步汲取了国外的研究成果，阐述了探究教学的核心概念及建构主义思想，并提出了科学探究的七要素模型。这一探究教学模型的提出主要参照了国外的某些相关研究成果，而立足于我国物理教学实践的研究则严重不足，与 20 世纪八九十年代的“探索式”教学研究成果的整合也很不够。

在此之后，相关研究的主要进展是对科学探究中的知识建构的深入探讨、概念转变研究以及物理建模教学研究，同时还借鉴了国外的一些研究方法（主要是概念转变研究方面）。

关于科学探究中的知识建构问题的探讨，在理论方面，有研究者提出了“探究 - 建构式教学的要素模型”（郭玉英，2004）。这一教学模型将“学生群体”置于中心地位，体现了学生学习的主体性和课堂教学的群体建构性；将“确定焦点问题”（而不是笼统的“提出问题”）放在首位，强调了探究主题与所学知识之间的内在关系；“开展探究活动、评价、明晰概念、建立联系、建立理论”等要素包含了基于观察与实验的探究活动、对探究活动的反思以及知识的建构。这七个要素交互作用，构成了一个具有非线性特征的“探究－建构”过程。显然，这是一个较为宏观的教学模型，要想将其基本思想体现于课堂教学，还需要根据课堂教学的特点做进一步的调整和细化，其中主要的困难集中于“开展探究活动”环节。在实践方面，吕云宾（2005）提出的“探究－建构式教学模式”与新课标的科学探究要素模型相比并无大的区别，而且在学生学业成绩方面的教学效果不显著。

概念转变是近几年的一个研究热点。概念转变研究对学生的已有认知给予了极大的关注，在揭示学生已有认知方面进行了大量的测试，为实施概念转变教学积累了丰富的参考材料。通常所见的概念转变教学模式是在教学之前针对新内容的某些要点设计并实施前测，以判断学生的已有认知，然后针对已有认知中的迷思概念和不当思维设计相应的教学，利用认知冲突、概念扩展（架桥）等策略，促使迷思概念和不当思维发生转变。台湾学者佘晓清的“双重情境学习模型”（DSLM）其实就是一个基于概念转变研究的教学模型，是物理教育中相关研究的代表性成果。概念转变教学将目标指向迷思概念，有利于促进学生的认知建构，其意义是极其重要的。但是，学生在某一知识的探究学习中可能存在多个迷思概念和不当思维，如果针对每个迷思概念和不当思维分别进行“双重情境学习事件”的设计和教学，将如何保证科学探究的整体连贯性呢？如何让学生领悟科学探究的整体特征呢？显然，我们还不能简单地以上述概念转变教学来取代科学探究教学。可见，如何在物理课堂中将概念转变思想与科学探究教学有机地融合在一起，还是有待进一步研究的问题。

我国大陆的物理教育中关于物理模型的研究与实践关注了科学探究中的模型构建问题，但大多集中于科学模型的建立，缺少对心智模型及其转换的研究，也没有形成系统的论述，与国外的建模理论研究相比具有较大差距，此处不再详细讨论。我国台湾对模型与建模的研究紧紧跟随国际发展的趋势，尤其在实证研究方面进行得较为细致和深入，但是对基于模型与建模的探究教学的实施探讨得不多，尚未建立与已有探究模式有显著区别的新的教学模型。

总的来看，我国物理教育领域对探究教学的研究能随着国际科学教育理论的发展而不断进步，但进一步的研究还不够充分，也缺少具有自身特色的理论突破。在探究教学的实施方面，还没有构建出更具有显著建构特征的探究教学模式。

3. 关于国外物理教育中的科学探究教学研究的讨论

国外物理教育中的科学探究教学研究在基本概念、相关理论、教学实践等方面都有新的发展，同时问题犹存。

关于科学探究教学的概念，研究者不再只强调用诸如“学生中心”“过程中心”等外在形式进行衡量，而是将目光更多地投向科学探究教学的实质内容。首先，将学生对科学概念、原理、模型、理论的理解作为科学探究教学的重要目标，并强调科学知识的文化、学科、智力价值及其实际运用功能；其次，学生的认知建构成为科学探究教学的核心部分；再有，十分关注学生对科学本质的理解。不过，对科学探究教学概念内涵的认识仍然在探索当中。

在理论发展方面，研究者主要是在建构主义思想背景下，参照科学哲学的新观点以及认知科学的新成果，对学生物理认知的建构机制进行探索，提出了资源模型和建模理论。

资源模型对物理知识的组织、联结以及提取的机制做出了动态的描述，揭示了物理课程中相关主题之间的相互联系的重要性，揭示了物理概念之间、定量知识与定性知识之间相互联系的重要性。不过，资源模型侧重于物理问题解决的研究，并没有对物理学习中学生如何基于已有认知，通过对物理现象的探索而进行认知建构做专门描述。但是，资源模型仍能给本书研究提供重要启示。

建模理论的长处在于：（1）更鲜明地表达了科学本质观，认为科学知识本质上是关于物质对象和过程的模型表征；（2）用物理学方法的语言对科学认知机制做出了解释，认为科学认知本质上就是模型建构过程；（3）所指出的多种模型表征方式为了解学生的心智模型提供了可行的途径。我们认为，建模理论比概念转变理论更易于揭示科学探究的整体特征。但是，早期的建模理论主要关注了科学模型（尤其是数学模型）的建立及其在问题解决中的应用，而对学生心智模型的复杂演进论述不多。转换建模观点强调了心智模型的非线性演进特征，但对这种非线性演进的机制尚未做出清晰的描述。

在教学实践方面，Hammer 和 Colleen Megowan-Romanowicz 为我们提供了一类生动的探究教学案例，让我们真切地感受到一种具有鲜明建构特征的科学探究教学方式，也使我们看到了基于概念转变或建模理论的科学探究教学实践的发展方向，对我们的研究是一个极大的启发。但是，这两则案例均为教学片段，尚难为我们提供一个较为完整的中学物理课堂中的科学探究教学程式。

二、研究的焦点问题

由前文综述及讨论可以看出，尽管研究者对科学探究教学的概念有不同的理解和表述，但显著的趋势是更多的人将关注点聚焦于科学探究过程中学生的认知建构和探究方式对科学本质的体现。为此，概念转变理论、资源模型以及建模理论都致力于学生科学认知的“建构”机制的解释，而科学探究教学的实践已在力图超越以往旨在对知识进行线性的实验归纳或形式化的“假设－检验”的探究方式，试图将教学的焦点指向学生的已有认知或心智模型的引发及转换，即指向学生的认知发展。

目前，我国中学物理探究教学的研究与实践也在强调学生的认知建构，并且涉及了教育与心理学界引介的多种教学模式，但是在实际的探究教学实践中，人们关注较多的仍然是探究中“学生中心”“过程中心”等外在形式和程式化的探究要素与步骤，探究过程大多聚焦于对新知识的实验归纳或理论论证，而不是学生的认知发展。此外，我们在物理课程与教学论的教学训练中发现，在校师范生设计的探究教学也基本都是实验归纳式或理论论证式的。这种状况不能不令人担忧。

显然，探究教学的理论和实践之间存在着显著的不协调，这是目前亟待解决的问题。鉴于目前我国物理教育的现实需求和研究现状，我们意欲实现的研究目标是：对已有的探究教学模式进行改造，进而构建一个能更加有效地促使教师在物理课堂中将教学的关注点聚焦于学生认知发展，并能更好地体现科学本质的探究教学模型。要构建这样一个新的探究教学模型，关键是要对探究教学中学生的认知特征及机制做出更加细致的描述。因此，我们要解决的焦点问题是：在物理课堂情境下，学生科学探究过程中更加合理的认知机制是线性的实验归纳方式还是建构方式？

第二节 研究的基本内容及论述框架

下面讨论解决焦点问题的内容与方法。

一、研究的基本内容

针对本书的焦点问题，我们试图从以下几个方面展开研究：

（1）从物理学发展的历史来看，物理学家的科学探究到底是如何进行的？在更加具体的层面上，物理学的认知建构特征及其行为表现究竟是什么？实验归纳与认知建构之间是一种怎样的联系？

（2）从我们对中学生课堂探究的观察来看，其认知建构有怎样的表现？再参照已有理论研究成果来看，课堂情境下学生科学探究中的认知建构的典型特征可能是什么？

（3）在前两个问题的研究基础上，如何对课堂情境下学生科学探究的认知建构机制进行新的描述？

（4）基于对课堂情境下学生科学探究的认知建构机制的描述，分析已有探究教学模式在微观层面上存在哪些不足，应在哪些更加具体的微观层面上加以改进，进而可以构建一个什么样的新的探究教学模型。

（5）教师运用新模型展开探究教学的表现如何？会出现什么问题？实践尝试的初步效果如何？

（6）如何运用新的教学模型进行探究教学设计？

二、研究的论述框架

关于“促进认知发展的物理探究教学”的研究分为理论与实践两个部分。首先探讨物理学科的性质问题，主要集中在物理学的认知建构特征方面；再探讨中学生物理学习的认知建构特征；然后基于对物理学以及物理学习的认知建构特征的分析，构建一个用以描述课堂情境下学生进行物理探究的心理模型；进而发展出一个新的用于课堂情境的物理探究教学模型；最后，进行初步的实践研究和应用。

整个论述框架如图 2-1 所示。

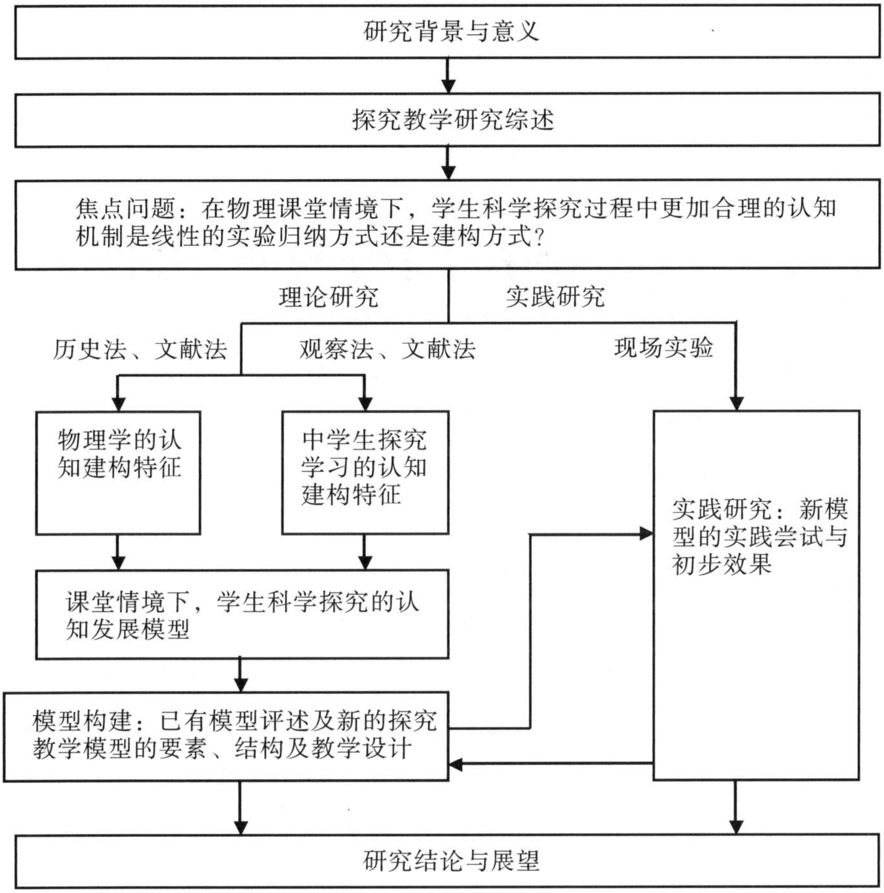

图 2-1　研究的论述框架图

第三章 新的探究教学模型之理论探讨

如前所述，建立新的探究教学模型的焦点问题是对课堂情境下学生科学探究中认知建构特征与机制的更为具体的描述。为此，我们首先对认知建构这一核心概念进行初步讨论，然后从物理学本体论知识角度分两个方面来揭示认知建构的特征及其行为表现：其一，基于物理学发展的史实，探讨物理学家建立物理概念及理论时的认知建构特征；其二，基于中学生物理学习的典型表现和最新研究成果，探讨学生科学探究中认知建构的典型特征；最后，我们探讨课堂情境下学生科学探究中认知建构的特征与机制，并试图以模型的方式加以描述。

第一节　认知建构概念界定

认知作为一个心理学概念，通常指的是人类认识事物的内部心理加工过程（认识）及其静态的内容结构（知识）（陈英和，1996）。那么，认知建构可以看作是以建构观念表述认知过程及其结果的概念。

从动态过程方面讲，认知建构指的是认知主体“以原有的知识经验为基础来建构自己对现实世界的解释和理解”（张建伟 等，2005）[40]。在此，“建构”的核心意义在于它强烈地表明认知的主体性，而这种主体性并不是简单地从外显行为上要求认知主体主动参与科学知识的认知过程，更在于认知主体要在同现实世界相互作用的过程中能动地构造自己对现实世界的解释和理解。也就是说，“建构”更强调的是一个具有创建性的自主的意义生成过程。

从静态内容方面讲，认知建构的结果不单指狭义的知识（如教科书所表述的知识），而应包括存在于认知过程各阶段的建构成果，如对现象的感知、经验认识、可表达的知识、本体论与认识论信念等，还包括这些建构成果赖以形成的认知方式。可见，与“知识建构”概念相比，认知建构更加显著地关注了认知方式，这也就意味着认知主体不仅建构关于现实世界的解释和理解，同时也建构自己的认知方式。

由此，认知建构指的是认知主体在一定的物质情境和社会文化情境中，在原有认知的影响以及与他人的互动中与现实世界反复作用，生成自己对现实世界的感知、描述、解释和理解的心理过程及认知方式。

关于认知建构概念的上述界定应该能够获得广泛的认同。但是，仅仅依据这样的概括描述，并不足以使人们对认知建构的若干典型特征及具体表现方式产生一致的理解。我们看到，科学哲学中对科学认知的理解存在诸多不同的观点，而具有广泛影响力的建构主义思潮也有若干不同的流派。显然，哲学层面，抑或认识论层面的诸种观点可以给我们提供各种有意义的启示，但并不能给我们确立用以演绎认知建构特征及机制的原理。因此，若想在更加具体的微观层面上对认知建构进行细致的描述，我们需要从物理学科自身出发，考察物理学家的科学探究实践和学生在物理课堂中的科学探究实践，并参照相关研究成果，做出自己的理解。

第二节　物理学的认知建构特征分析

所谓物理学的认知建构分析，指的是依据物理学发展的历史来描述和分析物理学家建立物理概念和理论过程中的认知建构特征。在此，我们主要围绕经典力学这一主题，对不同历史时期具有典型性、代表性的物理学家的相关论述及研究经历进行认知建构分析。

之所以选择这一主题，一方面是因为经典力学理论既是物理学的基础理论，也是中学物理教学的重要基础内容，尤其是在教学中（无论从史实的陈述，还是课程的设计）它被看作是经过严密实证的科学理论，其建构特征往往被深深地掩藏起来；另一方面是因为经典力学理论描述和解释宏观物体低速机械运动，而宏观物体的低速运动是人们在日常生活中能够随时随地直接感知的物理现象，因而使得它成为任何一个个体都要进行观察和思考的对象。所以，对经典力学的认知建构分析可以同我们的日常观察与思考密切结合起来，更加有助于我们从微观层面上理解物理学的认知建构特征。

一、亚里士多德运动学说的认知建构特征分析

亚里士多德（Aristotle，前 384—前 322）是古希腊伟大的思想家和科学家，他的运动学说曾流行于西方近 2000 年，仅此一点足以表明，他对物体运动的思考不可能像许多人所想象的那么简单和肤浅。因此，尽管亚里士多德运动学说的诸多观点与科学认识相去甚远，但其认知过程却是值得我们深入考察的。下面，我们依据亚里士多德的著作以及其他文献，对其运动学说的建构特征进行分析。

亚里士多德关于运动的论述主要发表在其著作《物理学》中。我们知道，亚里士多德的“物理学”并不是现代意义上的物理学，而是自然哲学。因此，在他的《物理学》中，“运动”首先是一个哲学概念，广义的“运动”指任何事物的产生与灭亡、性质的变化、数量的变化、位置

的变化，而狭义的“运动”指性质、数量与位置的变化。其中位置的变化又称“位移”或“空间运动”，这才是我们所说的机械运动（亚里士多德，1982）[68，142]。在《物理学》中，亚里士多德首先论述的是作为哲学概念的“运动”。他认为，事物的生灭以及自然变化的原因有四种：物质（质料）因、形式因、动力因和目的因（亚里士多德，1982）[50，60]。在此基础上，他进一步认为：“凡运动着的事物必然都有推动者在推动着它运动。运动着的事物如果不是自身内有运动的根源，显然它是在被别的事物推动着，因为在这种情况下运动的推动者只能是别的事物……”（亚里士多德，1982）[198]

基于上述哲学观点以及“运动”的一般概念，亚里士多德便可以用他首次提出的演绎推理“三段论”形式做出推论：“任何正在做位置移动的事物或者是自身运动或者被别的事物推动。”（亚里士多德，1982）[202]他进一步指出：“既然所有运动事物都或自然地运动着或不自然地（即强制地）运动着；又，被强制着运动的（或者说不自然地运动着的）事物都被一个推动者推动着，而且这个推动者是一个另外的事物；而所有自然地运动着的事物也有一个推动者推动着：其中有些事物是被自身推动的，有些事物不是被自身推动的（如轻的事物和重的事物：或是被产生它们并使它们变重或变轻的事物推动的，或是由撤除障碍者所推动的）。因此任何运动着的事物应该都是在被一个推动者推动着运动。”（亚里士多德，1982）[233]

这里，亚里士多德关于“自然运动”和“强制运动”的分类又与其关于物质构成的“四元素”说和“以太”说密切相关。他认为，地界万物都由土、水、气、火四种元素构成，都有生灭变化；土的本性向下，火的本性向上，水和气介于二者之间；重的物体含土更多，故本性向下，轻的物体含火更多，故本性向上（亚里士多德，1982）[82-83，105-106]；天界充满纯洁的、不朽的“以太”，天体也是由“以太”构成；天体以及天体的运动都是永恒的（亚里士多德，1999；格兰特，2000；梅森，1977）（科恩，2010）[11]。

由此，亚里士多德将轻、重物体沿着它与地心连线方向向上、向下（向心）的运动看作是本性使然的“自然运动”（另一类“自然运动”是指有生命的事物“被自身推动”的自然行走，对此，此处不做过多讨论），其推动者是“产生它们并使它们变重或变轻的事物”，应该就是其构成元素，这也是他所说的“因本性”推动者；而水中被石头压着的皮囊在拿掉石头后上浮或者重物被取掉支撑物后下落的运动，其推动者是“撤除障碍者”，但这仅是“因偶性”推动者，因为取掉障碍物后，皮囊在水中上浮和重物下落还是被“因本性”推动着的“自然运动”；一切非自然的“强制运动”，如石头被杠杆撬动、物体被抛扔等，其推动者都是其他事物（亚里士多德，1982）[231-233]。

我们看到，亚里士多德关于“空间运动”的上述概括性解释的建构，一方面对种种“空间运动”现象进行了观察与分类，另一方面又将各类运动的解释统一于一致的哲学观点——运动者皆被推动。

除了上述概括性解释外，亚里士多德还对许多更为具体的运动，如落体运动、抛扔物体运动、地球静止等做出过进一步解释。

关于落体运动，亚里士多德认为：“我们看到同一重量或者说同一物体，运动的快慢有两个原因：（1）运动所通过的介质不同（如通过水或土或空气），（2）运动物体自身轻或重的程度不同，如果运动的其他条件相同的话。”（亚里士多德，1982）[114]在他看来，介质对运动起阻碍作用，而物体的轻或重则决定其向上、向下运动的“动势”；具有较大“动势”的物体“通过同一距离的速度也较大，并且速度的比等于这些物体量的比”；一个物体比另一个物体运动得快，是因为它具有较大的“动势”，能够在“实的空间”里更快地分开介质而运动；“在没有介质的虚空里一切物体就会以同样的速度运动了。但这是不可能的”（因为亚里士多德认为虚空不存在）（亚里士多德，1982）[114-118]。

这里，亚里士多德分辨出了介质对运动的阻碍作用，并看到介质的阻碍作用与物体的形状有关，这显然源自对相关现象的观察与思考。但是，由于他先验地认为“虚空不存在”，便否定了“在没有介质的虚空里一切物体就会以同样的速度运动”这一具有合理性的推论。此外，他也不能像伽利略那样通过适当地忽略介质阻力来更加深入地探究运动问题。不过，我们应该注意到，他的“动势”概念并不等同于“力”的概念，倒是与“惯性”或“动能”有些许相似。当然，他所说的落体运动“速度的比等于这些物体量的比”显然不是定量实验的结论，而是思辨的结果。

被抛扔的物体在脱离抛扔它的物体后为什么还会运动？对此，亚里士多德在其著作《物理学》中先做了猜测性解释——“或许是由于开始的推动者推动起来的空气在接着推动它”，但在虚空里“事物或静止不动，或，如果没有某一更有力的事物妨碍的话，它必然无限地运动下去”（这一点当然也会因“虚空不存在”而被否定）（亚里士多德，1982）[113-114]。之后，他又做出进一步解释：抛扔物体时，开始的推动者推动起来的空气（或水等）在其推动者停止推动它时也停止运动，但不停止推动，因而“仍然在推动着顺联的事物运动”（亚里士多德，1982）[267]。

亚里士多德的这个解释显然出自他的“运动者皆被推动”的基本观点，同时也考虑了“实的空间”中介质阻力的影响。为了找出“推动作用”，他想象出“空气停止运动但不停止推动”这一脱离事实的说法。他对物体在虚空中或静止或无限运动下去的猜测与惯性定律颇有几分相似，但也被其先验的观念否定了。

关于“地球是静止的宇宙中心”，亚里士多德在其《物理学》中做过这样的表述：“既然大地不动并不是以大地是无限的为前提，而是因为它处于中心；但是它之所以会停留在中心，并不是因为没有别种空间可任其静止，而是因为它本性如此。然而在这种场合也可以说它使自己固定不动。那么在大地这个例子里，如果它的静止不是因为它是无限，而是因为它重，重的东西在中心，地球是在中心。”（亚里士多德，1982）[83]

我们看到，亚里士多德的“地球是静止的宇宙中心”观点不只是依据日常观察做出的判断，而且是可以由其“四原因”说、“四元素”说以及“自然运动”说推证的结论，是自认为“与观察及理论都符合”的观点。

总的来看，亚里士多德在建构他对“空间运动”的解释时所表现出的显著特征是：

（1）对现象的观察是其建构解释的“事实”基础，只是他对运动现象的观察基本局限于耳目所及的范围，没有实验观察，更没有定量实验。

（2）基于对自然现象的广泛观察与思考，形成了具有层级结构的自然哲学观点，且又把这些思辨性观点作为其解释“空间运动”的基本前提，将这些解释纳入其整个自然哲学的基本框架，保持其对各类运动的解释在哲学层面上的一致性。

（3）当观察不能提供确切的依据时（如抛扔物体运动的推动者），仍倾向于维持已有观点的一致性，为此想象甚至杜撰新的说法（如“空气停止运动但不停止推动”）。

（4）参照前人的观点，但绝不盲从。

（5）就其认知方式及所形成的认识而言，既有谬误又有合理成分。比如，对解释的一致性的追求不仅是哲学的理想，也是物理学的目标。再比如，他认为“任何运动着的事物应该都是在被一个推动者推动着运动”，但他所说的“推动”更像是哲学意义上的“变化的原因”，与我们所说的力不是一个等同的概念。事实上，在亚里士多德的《物理学》中并没有一个清晰的“力”的概念，把“力是维持物体运动的原因”说成是亚里士多德的观点似乎有些草率（至少在其《物理学》中找不到那样的说法）。考虑到他的“动势”概念以及他对虚空中物体的运动、落体的运动的推论等，我们并不能把亚里士多德的运动学说看得太过简单。

二、哥白尼“日心说”的认知建构特征分析

哥白尼（Nicolaus Copernicus，1473—1543）是波兰伟大的天文学家,他提出的“日心说”不仅在宇宙体系上与当时占统治地位的“地心说”相对立，更在宇宙观上与教会主张的“创世说”相抗衡。由此，“日心说”的发表与宣传遭遇了无尽的艰难，同时又激烈地冲击着人类的思想观念。尽管在力学理论方面“日心说”所涉及的只是运动的相对性问题，但却为人类认识行星真实运动的运动学规律及动力学规律奠定了基础。“日心说”的历史意义无疑是深远的，而其认知建构的特征也甚为明显，富有启发意义。

哥白尼的“日心说”最初见之于其手稿《纲要》,后发表在其著作《天体运行论》中。哥白尼在《天体运行论》的序言中陈述了他提出新的宇宙体系的原因——“认识到天文学家们对天球运动的研究结果不一致”，还明确承认其“地球的运动”想法是受到了前人的相关见解的启发（哥白尼，2006）。

下面,我们讨论哥白尼“日心说”的核心观点及其论证。哥白尼在《天

体运行论》的第一卷对其“日心说”做了概述和简明的论证（更详细的基于观察记录和几何学知识的论证则在之后的第二至第六卷中），主要有以下五个方面。

其一，宇宙是球形的。

哥白尼首先提出“宇宙是球形的”，理由是：（1）“一切形状中球是最完美的”；（2）“它是一切形状中容积最大的”；（3）宇宙中的太阳、月球、行星和恒星都是球状的（哥白尼，2006）[4]。显然，这些理由没有一个是充分的，可见“宇宙是球形的”只是一个观察基础上的构想。

其二，天体的运动（包括行星绕太阳的运动及月亮绕地球的运动）都是圆周运动或复合的圆周运动。

从哥白尼（2006）[6-7]的论述可以看出，之所以认为天体做圆周运动或复合的圆周运动，主要是因为观察到了天体运动的周期性和非均匀性。所谓周期性，就是各种天体的运动总是经一定的时间后重复出现；而非均匀性则是指观察到的天体运动（如太阳、月球）时快时慢，有时还有逆行和留，而这种非均匀性也具有周期性。为了解释天体运动的周期性，哥白尼继承了前人的观点——天体做圆周运动；为了解释非均匀性，哥白尼同样采用了前人的方式——偏心圆及“本轮－均轮”的复合。哥白尼像他的前辈那样，将圆周运动看作解释周期性的唯一合理途径，一方面在于他们先验地认为圆周运动是完美的运动，另一方面则是因为圆周运动具有“既无起点，又无终点，各点之间无所区分”的特征。

其三，地球也是球形的，地球有三重运动，即周日运动、周年运动和“倾角的运动”。

对于“大地也是球形的”这一观点，在哥白尼之前已有很多学者做过探讨，哥白尼（2006）[4-5]的相关论述给出了一些可观察的事实依据，但已不再有显著的新意，此处不再赘述。

关于地球的三重运动的论述是哥白尼学说的重要内容。对此，哥白尼首先对托勒密“地球自转会导致其土崩瓦解”的观点提出了质疑（哥白尼，2006）[10-11]：如果地球自转会土崩瓦解，那么比地球大得多的宇宙绕地球转动必然导致宇宙及其运转速度都趋于无穷，而这不符合“我们所熟悉的物理学原理”——“无限体既不能转动也不能运动”。接着，哥白尼又从运动的相对性出发，论证了“地球的运动无疑会产生整个宇宙在旋转这样一种印象”，做出了地球自转的结论。不过，此处哥白尼对“云和空中其他悬浮物以及下落和上升的物体”随地球一起转动进行解释时，却部分采用了亚里士多德的“自然运动”和“强迫运动”的观点。之后，哥白尼认为，行星视运动的非均匀性不能由地球为中心的圆周运动来解释，而应该将地球看作与其他行星一样是在围绕某一中心（如太阳）做周年运动。最后，哥白尼根据赤道与黄道不重合的观察事实指出地球具有“倾角的运动”（哥白尼，2006）[10-13]。显然，哥白尼的上述观点依然包含着许多猜测、构想的成分。为了证明其合理性，哥白尼在《天体运行论》的第二卷又进一步结合观察数据及几何学知识，对地球的三重运动所引起的种种现象（如昼夜交替、四季轮回等）进行了详细的论述。

其四，“太阳静居于宇宙的中心”。

哥白尼否定地球中心的一个理由是，重力不是地球独有的，太阳、月亮及其他行星都有各自的重力，使得它们结合成同一的球体。因此，地球就不再像亚里士多德推断的是唯一的宇宙中心。哥白尼将太阳视为宇宙中心，主要原因是这样的宇宙结构能够更加简明地反映“行星以此运行的规律以及整个宇宙的和谐”（哥白尼，2006）[12-13]。当然，哥白尼（2006）[14-15]认为太阳是静止的，对此他并没有给出理由，也没有指明这种静止是绝对静止还是相对静止。

其五，天球的顺序。

哥白尼基于其寻求和谐的宇宙结构的信念，提出他的宇宙模型：太阳静居于宇宙中心，行星围绕太阳做圆周运动，依次是水星、金星、地球（连同月亮）、火星、木星和土星，最外层是静止不动的恒星天（哥白尼，2006）[13-16]。在《天体运行论》的第三卷至第六卷中，哥白尼基于这一宇宙模型，结合观察记录和几何学知识，详细讨论了岁差、月球的运动及相关现象、行星的运动及相关现象。

由以上五方面的论述，我们可以推测哥白尼“日心说”的认知建构的若干特征：

（1）追求更为简明、和谐的宇宙体系是其建构新的宇宙模型——“日心说”的主要内部动因，而这种内部动因又源自原有宇宙模型（“地心说”）

对新的观察现象解释的凌乱、繁杂与不力。

（2）尽管可以由新的观察现象发现原有宇宙模型的问题，但也不能由此逻辑性地归结出一个新的宇宙模型。因此，新的宇宙模型首先是一种基于观察现象而又超越观察现象的创造性构想。当然，这一构想受到了前人相关见解的启示，但显然不再是简单的日常观察基础上的思辨。

（3）在新模型下操作观察数据，并运用几何学知识，给出对观察现象的新的解释。如上所述，新模型只能是一种基于观察而又超越观察的构想，因此哥白尼不是由数据推导模型，而是以新模型为前提来操作数据，解释现象。在此，作为结论的模型与作为证据的数据、现象之间形成一种互为前提而又没有逻辑必然性的微妙关系。

（4）就其认知建构的结果而言，“日心说”含有诸多谬误，而这些谬误的产生又有其复杂的原因。比如，“宇宙是球形的”“太阳静居于宇宙中心”等观念，既无法由当时的观察事实推出，也无法由那些观察事实所检验，显然属于超越观察事实的猜想，甚至含有先验的成分。再如，“天体做圆周运动”的观念虽具有观察事实的基础，但也有先验的成分（即如前人所述，圆周运动才是完美的）。事实上，产生这些谬误的根本原因在于科学家本人以及当时人们对天体运动的观察水平和认识水平的不足，这些原因是历史的，同时也体现了建构的主观性特征。

三、伽利略运动理论的认知建构特征分析

伽利略（Galileo Galilei，1564—1642）是意大利伟大的物理学家和天文学家，他的运动理论为牛顿力学体系的建立奠定了坚实的基础，他所运用的实验（以及理想实验）与数学相结合的科学研究方法更是被视为人类认识物质世界的重要工作模式。

伽利略的力学成就早见于其手稿《论运动》中，后主要发表在1632年出版的《关于托勒密和哥白尼两大世界体系的对话》（简称《两大世界体系的对话》）和1638年出版的《关于两门新科学的对话》（简称《新科学的对话》）中。下面，我们主要以伽利略的上述两本著作为依据，并参考其他相关文献来探讨伽利略主要力学研究成果的认知过程，进而认识其认知建构的特征。

在《两大世界体系的对话》的序言中，伽利略陈述了他将要讨论的三个主题，第一个主题就是："我将力求表明地球上能进行的一切实验都不足以证明地球在运动，因为，无论地球在运动或静止，这些实验都同样可以适用。我希望在这部分披露许多前人所未知的观察。"（伽利略，2006a）[2] 由此我们可以看到，伽利略是将力学相对性原理作为一个明确的课题进行探讨的，而其目的是要为哥白尼的"日心说"进行辩护；另一方面，他将现象观察视为论述这一原理的重要依据。

我们知道，尽管哥白尼以其"日心说"模型简化了天体运动体系的描述，但是他始终未能对"地心说"关于运动地球上物体可能运动（如自塔顶下落的物体将落在塔底的后面）的种种质疑做出合理的辩护，伽利略的力学相对性原理就是为了反驳"地球自转将导致落体偏后"的说法提出的。

在第一天的对话中，伽利略通过对斜面上小球运动的讨论，提出如下看法："在地平面上，任何物体都不会自动地获得速度……但是沿地平线的运动，既不向上也不向下，将是环绕一个中心的圆周运动……它就会以均匀的速度永远持续下去。"（伽利略，2006a）[17] 在第二天的对话中，伽利略首先认为，地球上的人与地球做相同的运动，因而不能觉察到地球的运动。因此，要考察地球的运动，必须考察与地球分离的天体的运动。他正是首先从这个角度论证了地球的周日运动（伽利略，2006a）[82-85]，然后才对"落体偏后"一类责难做出回应。他认为，自塔顶自由下落的物体的运动是由两个运动合成的，一个是沿塔顶到地心的直线运动，一个是随塔顶绕地心转动的圆周运动，而且合成运动接近于圆周运动，该圆周的直径就是塔顶到地心的直线，而合成运动的结果是物体总是落在塔底（伽利略，2006a）[116-117]。接下来，伽利略又对"地心说"提出的"地球自转将导致同等火力发射炮弹在不同方向射程不同"一类质疑做出回答。他以在行进中的马车上射箭为例，清晰地陈述了速度合成的法则，并由此论证了炮弹在各个方向的射程相等（伽利略，2006a）[118-120]，而其中仍然认为物体会有随地球运动的圆周惯性。伽利略还讨论了鸟的飞行问题，认为这与物体抛射的效果是一样的（伽利略，2006a）[130]。伽利略对上述种种现象所做讨论的最后结论就是他在序言中所说的——地球上的实验不能判定地球是运动还是静止，而他给出的又一个重要依据就是著名的实验现象：在密闭船舱里的种种力学实验都不能判定该船是静止还是做匀速运动。这也就是后人所称的伽利略力学相对性原理。

我们可以看到，伽利略只是借助实验现象描述了力学相对性原理，而他在解释此前的一系列现象时一直以运动的合成与物体的圆周惯性为前提。关于运动的合成，前人已有认识（如哥白尼“运动的复合”），伽利略在此基础上更清晰地提出了速度合成法则，这在当时已不是困难的事。圆周惯性显然是伽利略基于观察与实验的一种构想，因为他只能在一个有限的范围内观察地面物体的匀速运动，而他却一直把这些有限范围的匀速直线运动看作是圆周惯性的局部近似。伽利略正确地描述了封闭船舱内的力学现象，也合理地运用了运动合成法则，但却建构了“圆周惯性”这一不适当的构想。由此，他一方面认为地球上的实验不能判定地球是运动还是静止，另一方面却要考虑其中实验物体随地球的转动。显然，在对力学相对性原理的认识上，伽利略的理解与后来力学中给出的陈述是不一致的。值得注意的是，在《新科学的对话》中，伽利略没有再谈起这一原理。

伽利略的另一个重要成就是提出了惯性原理。如前所述，在《两大世界体系的对话》中，伽利略已经明确指出小球在既不向上也不向下的平面上做匀速运动，但这种直线惯性仅仅是“圆周惯性”的局部近似。在《新科学的对话》中，伽利略还是通过斜面实验概括出：“任何速度一旦被赋予一个运动的物体，将严格地保持下去，只要去掉加速或减速的外部原因，这是仅在水平面的情形下碰到的一个条件，因为在向下倾斜的平面的情形存在加速的原因，而在向上倾斜的平面的情形存在减速的原因，由此得出沿着一个水平面的运动是永恒的；因为，如果速度是均匀的，它就不能被减小、减缓，更不能消失。”（伽利略，2006b）[200-202] 可是，后来有人提出“如果从（表示水平面的）直线的中心出发并向两端前进，就会离地球中心愈来愈远，因此就在不断地爬高。此后的运动不可能保持匀速地经过任意距离，而必然是持续减速的”。对此，伽利略的回答是：“在实际中我们的器具与所涉及的距离比起与地心的巨大距离是如此之小，以至于我们可以把一个大圆上的1弧度看作直线，把从两端下落的垂线看作是平行的。”（伽利略，2006b）[233-234] 可见，伽利略维持了原来的观点。不过，伽利略的“圆周惯性”不是说地面上的运动物体不受力时将做匀速圆周运动，而是这些运动物体保持与地心距离不变时其水平方向的速度不变。

从伽利略的两本著作中的陈述可以看出，他的惯性原理的形成一方面依据了大量观察事实和实验，另一方面又凭借其丰富的想象构建了超越观察与实验的解释。伽利略为什么会将有限范围的直线惯性视为圆周惯性的局部近似呢？这应该与他维护哥白尼“日心说”的目的有关。由前文我们知道，伽利略提出力学相对性原理的直接目的就是要解释自转地球上的自由落体为什么不会落在后面，正是为了这一目的，他才把基于有限区域运动现象研究得出的直线惯性“转换”为绕地心转动的圆周惯性。在这里，他的研究目的明显地影响了他对实验现象的解释，而这种解释又与他所维护的哥白尼体系中“天体运动为圆周运动”的观念有密切关系（尽管那时开普勒已经发现行星运动的轨道定律），以至于他将圆周运动看成惯性运动。

伽利略自己颇为得意的一个重要成就是发现了落体运动（及匀加速运动）的规律，而这一研究所运用的方法也被看作是现代科学研究方法的一个典范。

伽利略对自由落体运动的研究主要是在《新科学的对话》中进行完整阐述的，但他所做的实验与思考在发表《两个世界体系的对话》之前就已经进行并取得重要成果。在《两个世界体系的对话》中，伽利略不仅对亚里士多德“天然落体的速度和它的重量成正比”的说法提出质疑，并用两个重量相差三四十倍的物体下落的实验予以否证（伽利略，2006a）[140]，还特别提到他在未发表的论文中证明了“重物体直线运动的加速度是按照从一开始的奇数进行的……这等于说，物体从静止开始所经过的距离，同经过这段距离所需要的时间的平方成正比”（伽利略，2006a）[155]。不过，从他对塔顶下落物体的解释来看，他还是认为，考虑地球的自转时，物体的自由下落沿圆周并且是匀速的（伽利略，2006a）[117]。因此，前面所说的自静止开始的加速下落运动指的是“局部运动”，他在《新科学的对话》建立的落体运动理论被称为“局部运动的新科学”。

在《新科学的对话》中，伽利略对“自然加速运动”进行了系统的论述（伽利略，2006b）[147-170]。伽利略首先给出了匀加速运动的定义：一个运动被称为是等加速的或匀加速的，是指它从静止开始，其动量在相等的时间内得到相等的增加。这一定义是他在观察的基础上构想出来的。伽利略明确指出“任何人能够发明一种任意类型的运动并讨论它的性质”，但“我们决定去讨论在自然界实际发生的具有加速度的落体现象，并且使这一加速运动的定义能展现所观察到的加速运动的本质特性”。于是，在初步观察的基础上，他设想，“（速度的）增加是以对任何人都非常简单的和相当明显的方式发生的”：或者通过相等的时间间隔来设想附加速度，构想“在任意相等的时间间隔内给它以相等的速度增量”；或者通过相等的距离来设想附加速度，构想“速度与距离成比例地增加”。但是，后一设想是不成立的，因为那将推出经过一段距离的时间与经过这段距离一半所用的时间相等的结论，所以伽利略采用了前一种设想。那么，前一设想是否与实际发生的加速运动相符呢？伽利略还不能从“自然运动加速原因”方面进行解释或论证，而是先“研究和证实某些加速运动的性质”，再进行实验检验，“如果我们发现加速运动的性质在自由下落和加速的物体的情况实现了，我们就可以得出结论说，所假设的定义包含了这种落体的运动，并且它们的速度随时间和运动持续增加”。然后，伽利略做出一个假设：“相等的物体沿着不同倾角的平面向下运动，当这些平面的高度相等时，物体所获得的速度是相等的。”他为此提出的依据就是著名的摆球实验——一个从某一高度自静止下摆的小球，总是摆到原来的高度，即使改变摆线长度也是如此。他由此做出的推断是：小球沿弧线下落到最低点时获得一个“动量”，这个“动量”刚好使小球沿摆动的弧线达到原来的高度。由于这个实验中小球的运动是曲线运动，并不能作为所做假设的直接实验证据，于是他说：“让我们暂且把它作为一个假设，当我们发现由它得到的推论与实验符合并且完全一致时，它的绝对真实性就会被确立。”随后，伽利略提出并证明了两个著名的命题：其一，匀加速运动的平均速度等于其初末速度的平均值；其二，“自静止开始下落的物体以匀加速运动所经过的距离之比等于通过这些距离所用时间的平方之比”。他还做出一个引以为豪的推论——自静止开始的匀加速运动在连续相等的时间内经过的距离之比等于1∶3∶5∶7∶…，这时，伽利略才引进了著名的斜面实验，由实验“发现通过的距离之比等于时间的平方之比，并且这对于平面，即我们滚球的槽所在平面的所有倾角都是对的”。至此，伽利略论证了小球在自由斜面上滚下的运动以及自由落体运动都是与所做定义一致的匀加速运动。

关于这项研究，伽利略在《新科学的对话》中呈现的过程是：进行初步的现象观察；基于简单性信念，构想定义；进行逻辑判断，选择定义；为建立定义做出基于实验的假设；从定义出发进行数学推导，得出匀加速运动的性质；由实验检验关于运动性质的推论；确定定义以及与之相符的实际的斜面运动及落体运动的性质。但是，这一过程与伽利略真正的研究过程是有出入的。有证据表明，伽利略的斜面实验并不是在推导出匀加速运动的性质之后才设计完成的，而是在早年就已经进行过实验研究（郭奕玲 等，1993）[14-17]（科恩，2010）[168-177]。也就是说，实验研究在其中占据重要地位，而且实际的研究过程并不一直是一个有条不紊的逻辑过程，而是一个观察、实验、信念与构想、数学与逻辑，甚至一些旁枝末节的假设与推测等诸多因素反复交叉作用的非线性过程。

在力与运动关系的认识上，伽利略无疑已经认识到重力和介质阻力对物体运动的作用——改变其速度或“动量”。但是，尽管伽利略已经清楚地认识到不同斜面上的物体做匀加速运动的加速度不同，而且也发现了物体在斜面上静止时其重量与其沿斜面受到的力的比例关系（伽利略，2006b）[166-168]，但却没有想到通过斜面实验来进一步研究这个沿斜面的力与物体加速度的关系，也没有从重量概念中抽象出质量概念，因此也就没能给出一般的力与运动（加速度）的定量关系，当然也就认识不到做匀速圆周运动的物体具有加速度。

从伽利略的研究可以看到其认知建构的若干鲜明特征：

（1）在认知目标上，伽利略以认识实际发生的运动（如落体运动）为根本，而不是研究那些任意定义的运动形式，搞一些脱离实际的逻辑与数学的游戏。他相信实际现象中的关系可以用数学得到精确的表达。

（2）观察与实验不仅是其萌发认识的经验基础，也是其检验认识的基本标准，也就是说，观察与实验在其认知建构过程中占有核心地位。

（3）对实验结果的认识并不局限于由实验数据得出的直接关系，而是经常在实验基础上做时间与空间的延拓，将实验理想化，并由此构想出更为一般的概念和结论。这种基于实验而又超越实验的认知建构方式，既可能使之做出合理的理解（如由斜面实验中小球的匀加速运动推广到竖直方向自由落体的匀加速运动；由斜面上小球的加速与减速运动推出平面上小球的匀速运动；建立加速度、惯性概念；形成力是改变速度的原因的认识；等等），也可能使之做出错误的理解（如由物体局部运动的直线惯性推广到物体随地球转动的圆周惯性）。

（4）在其著作中为后人呈现了（落体运动研究中的）"观察—假说—数学推理—实验检验—修正或推广"的科学研究模式，而其实际研究的进程表明，模式中诸要素之间的作用是交叉反复的，是非线性的（上述线性模式只能是对真实研究过程所做的条理化归纳）。

（5）先有观念（如哥白尼体系中天体的圆周运动）、认识论信念（如简单性原则）对伽利略的认知建构产生极大的影响，而这种影响既可能是一种正面效应，也可能是一种负面效应。

四、牛顿力学理论的认知建构特征分析

牛顿（Isaac Newton，1643—1727）是英国伟大的物理学家，他的力学成就主要是建立了力学理论和万有引力规律，其力学理论已经不再是关于物体运动个别性质或规律的表达，而是系统地解释力学现象的科学理论体系。

牛顿的力学成就初创于在家乡躲避瘟疫的三年（1665—1667年），之后经历了与哈雷、胡克、伦恩等人的交流，最后于1687年成书《自然哲学的数学原理》（简称《原理》）。下面，我们主要依据《原理》以及其他物理学史文献，探讨牛顿力学理论的认知建构特征。

在《原理》中，牛顿首先仿照欧几里得《几何原本》的公理化体系，陈述了八个概念的定义（另外还有关于时间与空间的定义）、三个定律、六个推论，这是其力学体系的逻辑基础。然后，牛顿由这些逻辑基础出发，

试图“推导若干普适命题”。其中，第一编《物体的运动》引入了极限的概念与方法，讨论了物体在有心力作用下的圆锥曲线运动、万有引力定律、光的力学解释；第二编《物体（在阻滞介质中）的运动》讨论了物体在受到介质阻力作用时的运动（流体力学），并在其中介绍了他独创的“流数法”；第三编《宇宙体系》陈述了“哲学中的推理规则”，讨论了行星、卫星、彗星的运动以及地面物体的落体运动与抛体运动，讨论了岁差与潮汐现象。

依据牛顿在《原理》第一版序言中的说法，他的目的是要“由运动现象去研究自然力，再由这些力去推演其他现象”。可以初略地看出，牛顿的认知过程是从特殊到一般再到特殊，即由某些特殊现象总结出一般性的力学原理，再运用这些一般原理推导出其他现象，并由此检验一般原理的正确性。

牛顿（2001）[447-449] 认为“物体的属性只有通过实验才能为我们所了解”，并相信“物体的普遍性质”是可以“由我们曾见到过的物体中所发现的类似特性而推断出来的”。看上去似乎确实如此：基于对摆的运动等现象的研究，牛顿发现重力并不是物体的基本属性，而“物质的量”才是物体固有的属性，由此将质量与重力区分开来；基于对物体运动与静止现象的研究，牛顿发现了物体具有的与其质量相当的“固有的力”——惯性；基于对物体间撞击、挤压、吸引等现象的研究，牛顿发现了物体间相互作用的“外力”；基于对运动现象的研究，牛顿发现了三个运动定律；等等。

按照牛顿的说法，这样的过程是“不需要假说”的。他认为，“凡不是来源于现象的，都应称其为假说；而假说，不论它是形而上学的或物理学的，不论它是关于隐秘的质的或是关于力学性质的，在实验哲学中都没有地位。在这种哲学中，特定命题是由现象推导出来的，然后才用归纳方法做出推广，正是由此才发现了物体的不可穿透性，可运动性和推斥力，以及运动定律和引力定律”（牛顿，2001）[615]。

那么，牛顿力学理论中的基本概念和基本定律真的就是“由现象推导出来的”吗？真的不需要假说吗？我们该如何理解牛顿的认知建构方式呢？

我们先看牛顿对几个重要概念的定义。如前所述，牛顿通过对摆的研究分辨出“物质的量”与“重量”不同（牛顿，2001）[337-338]，此外，牛顿还从摆钟由巴黎拿到赤道附近会变慢的现象中认识到“物质的量”与重量的差别。然而，物质的这种与其重量不同的所谓的“物质的量”到底要用什么方式加以表征呢？牛顿认为“可以由其密度与体积共同求出”。那么，密度是什么？要想避免循环定义的问题，这里的密度就不能说成是单位体积的物质量。从牛顿在定义说明中所举的压缩空气、雪、微尘、粉末等例子看，“密度”可以理解为单位体积内所含物质粒子的数目。这样来看，“物质的量”的原初含义应该是源自原子论思想，指物质所含原子数目的多少，也就是由化学中的“摩尔”所表征的量。在牛顿时代，原子论仅仅是一种观念性的假说，因此，牛顿定义的“物质的量”概念并不完全是由现象推导出来的，而是在现象基础上构想出来的。再看“运动量”概念，将其定义为“运动的量度”，并且“由速度和物质的量共同求出”，显然就是一种构想。事实上，牛顿的“惯性”以及“外力”也都是基于现象的构想。

我们再讨论牛顿的三个运动定律的建立。其一，惯性定律。在经过伽利略、笛卡儿等人的研究之后，牛顿不再像伽利略那样将其分为局部运动的“直线惯性”和整体运动的“圆周惯性”，而是直接视之为一条物体运动的基本原理。我们都知道，这一定律是不能由实验直接得出的，因此说，牛顿的惯性定律本质上就是关于物体自由运动的假说。其二，牛顿第二定律。牛顿在《原理》中没有提及建立第二定律的任何实验，而且他给出的定律表达形式既不是“外力等于物体质量与其加速度的乘积”，也不是“外力等于动量对时间的变化率”，而是“运动的变化正比于外力，变化的方向沿外力作用的直线方向”。显然，牛顿表述的第二定律并不是我们在中学物理教科书中所看到的实验结论，它实质上就是关于力与运动的定量关系的假说，或者说就是力的操作性定义。其三，牛顿第三定律。牛顿发现作用力与反作用力定律得益于笛卡儿、惠更斯等人对碰撞的研究，但是要从前人的成果——“运动量守恒”中得出这一定律，显然必须将力的概念定义为物体之间的相互作用，并且创造性地与“运动量”联系起来。由此，第三定律也不是单纯的实验归纳。（牛顿的万有引力定律一样不是实验的直接结果，对此不再赘述。）

显然，牛顿力学理论的基本概念和基本定律，确实依据了坚实的实验基础，但却不能说它们是从实验中推导出来的。事实上，牛顿并不是“不做假设”，而是不可能不做假设。牛顿在解释绝对时间和绝对空间概念时，一方面构想了著名的“水桶实验”作为其推导的“事实基础”，另一方面又说“在哲学研究中，我们则应当从感官抽象出并且思考事物本身，把它们与单凭感知测度的表象加以区分”（牛顿，2001）[13]。在其“哲学中的推导规则”中，牛顿还特别要求“在实验哲学中，我们必须将由现象所归纳出的命题视为完全正确的或基本正确的”（牛顿，2001）[109]。

从另一个角度看，牛顿所关注的现象和实验大多都是他的前辈伽利略、笛卡儿以及稍长于他的惠更斯、胡克等人着力研究过的，他们也都形成了各自的有价值的认识，但是却没能推导出与牛顿一样的基本概念和定律，他们所缺的绝不是逻辑推导的功力，而是进行构想的创造力。

至此，我们可以对牛顿的认知建构特点做出如下理解：

（1）在认识自然现象的目的方面，牛顿坚持了古代西方的科学传统，总是试图寻求最一般的原理，以此来解释所有自然现象。为此他天才地选定了力学的若干基本概念和基本原理，成功地构建了一个杰出的力学理论体系。

（2）牛顿认为那些力学基本概念和基本原理都是从实验中推导出来的，这足以表明实验在他的认知建构当中的重要地位。实际上，牛顿总是在实验基础上创造性地建构关于现象特征及基本关系的描述方式，然后再通过新的现象和实验进行反复的检验，逐步将具有思辨性质的概念和原理确证为可以合理解释力学现象的物理量和物理定律。

（3）将力学对象模型化，并借助高超的数学工具，对基本概念和基本原理进行了全面而系统的定量描述，并且演绎出诸多新的定理，实现了对理论体系的精密表达。

（4）牛顿的认知建构不仅得益于前人的研究，同时也得益于与同时代科学家的交流，这促使他对自己的构想和论证进行不断的检讨和完善。

（5）牛顿的认知建构同样受其本体论信念和认识论信念的深刻影响。他承认物质世界的客观性，因此总是基于现象和实验来建构概念和命题，以至于认为其力学理论是源自真实的必然结论，物质世界就是一架按照力学规律运行的机器。他制定的“哲学中的推理法则”深刻地揭示了他的方法信念，无论是其中的简单性原则、因果性原则、统一性原则，还是真理性原则，都反映出他在建构科学认识过程中的主、客观交互作用的特点。

（6）尽管牛顿的力学理论是空前成功的，但其中所存在的不足依然十分明显，如绝对时间与绝对空间的概念、物质质量不变的概念，又如“定义”中对“向心力”的烦琐陈述，等等，这表明伟大的牛顿也会因主观或客观的因素导致不当的认知建构，尽管我们知道这在很大程度上应属于历史的局限。

五、物理学的认知建构特征

回顾前文对亚里士多德、哥白尼、伽利略以及牛顿的力学学说的认知建构的分析，我们可以看到，尽管经典力学被人们视作是由无数实验确证的科学理论，但从其发展进程来看，每个时期的重要认识都不是通过对客体对象的观察与实验逻辑得出的，而是交织着反反复复的思辨与实证、正确与谬误，这与我们在通常的教科书中见到的科学知识的呈现方式以及常见的科学探究方式有很大的不同。由物理学家的科学探究历程，我们可以总结出如下物理学的认知建构的主要特征：

（1）首先，物理学家建立各自的力学学说，目的不是为了创建一种纯粹理性的智力游戏，而是为了认识身处其中的物质世界，为了解释所能经见的种种现象。因此，他们的认知对象始终是真实的物理现象，而不是前人的认知结论。

（2）物理学家对力学现象的解释是从最常见的现象开始的，诸如身边物体的移动、下落、上升、抛出等运动，以及天空中日月星辰的运动，等等。在解释这些现象时，并不满足于对现象的分立理解，而总是力图寻求更为一般的原理，寻求对大量现象的一致性解释。

（3）观察事实是形成认识的根本依据，但是，观察并不能给出逻辑必然的概括性结论。因此，他们必须在观察基础上构想出超越观察的概括性理解，这些理解又总是交织着多种具有主观特征的因素，如本人的本体论与认识论信念、思维方式等，而所形成的认识不仅与所能达到的观察水平有显著关联，也与主观因素密切相关。

（4）主观因素与客观因素在认知建构过程中互为前提，但均没有必然的逻辑关系，二者之间交互作用，循环往复。观察的深入促进认识的提高，而认识的提高又促进观察的深入，与他人的交流越来越成为促进认知建构的重要途径。

（5）认知建构总是具有思辨特征，这种思辨的成分会随着观察的扩展和深入而逐步减弱，但不可能完全排除；思辨的结果既可能是有价值的创见，也可能是谬误；创造性的思辨与基于事实的实证都是重要的、不可或缺的。

（6）从历史的进程看，科学家们是在不断地发明更加适当、更加精致的（数学的）方式来表征他们在观察中所关注的特征与关系，并天才地构造出更加基本的概念和原理，建立系统化的理论体系。

事实上，不仅力学理论的认知建构如此，整个物理学的认知建构亦如此，而在现代物理学的认知建构中，这些特征更加鲜明。究其原因，主要有以下两个方面：

其一，物理观察无法直达客观实在，因而必然体现出种种认知建构的特征。

对物理学而言，现象（包括自然现象和实验现象）观察是认识主体通过各种感官同物质世界相互作用，获得关于认知对象及其物理状态与物理过程的必然途径。一般来讲，科学家普遍承认存在一个独立于人的意识的物质世界，即所谓的实在世界。人类要认识这个实在世界，首先必须与它发生相互作用，而最基本的作用方式和途径就是观察与实验。通常认为，人类是无法直接“看到”实在世界客体对象本原的状态或过程的，由观察所“见”的物理现象实际上是经过人体感官（通常还要借助各种仪器）感知的，它必然要经过神经系统以及观测仪器系统的信息转换。因此说，我们所观察和描述的物理现象并不是本体论意义上的客观实在。此外，受客观条件（如人的感觉器官、仪器设备等）的限制和主观因素（如信念、兴趣、注意等）的影响，无论是感官直接感知的信息，还是借助仪器间接感知的信息，都不是客体信息的全部。这样，人们所观察到的物理现象实际上是基于有限的、经过转换的客体信息所重新“构建”的有关观察对象的状态及过程的图景。

由此，人们要确认一个物理现象，往往需要某种观念、假设或理论知识的引导，以实现对观察信息的连接、整合以及解释。比如，开普勒之所以能描述出行星绕太阳运动的椭圆轨道，是因为他抛弃了老师第谷一再坚持的“混合说”而信服哥白尼的“日心说”，同时还要事先假设多种可能的运动模型来引导其对数据的整理分析，最终得出行星运动不是传统上认为的匀速圆周运动，而是非匀速的椭圆运动（赵峥，2008）[43-49]。事实上，如果缺乏一定的理论、观念的指导，人们常常会在观察时遗漏掉一些重要的发现。比如，普朗克的学生玻特用 α 粒子轰击铍，得到一种穿透力很强且不带电的射线；约里奥–居里夫妇还用这种射线轰击石蜡并打出了质子；然而，他们都误认为这种射线是 γ 射线。查德威克则受导师卢瑟福“中子”猜想的启发，在看了约里奥 – 居里夫妇的实验报告文章后，立刻意识到这种射线放出的可能就是中子。他经过实验研究，发表了论文《中子的存在》，最终发现了中子（赵峥，2008）[145-146]。在物理学史上，有许多重要的现象正是由于有了理论预言才为人们所见所知的。比如，电磁波的发现是基于麦克斯韦电磁理论的预言，中微子的发现是基于泡利的预言，正电子的发现是基于狄拉克的预言，伦琴射线衍射现象的发现是基于劳厄的预言，激光现象的发现是基于爱因斯坦受激辐射的预言，等等。

可见，对物理现象的观察是需要主观因素的主动介入的，也就是说它是具有建构性质的。当然，承认物理观察的建构性并不意味着否认物理事实的客观性，只是表明人类观察物质世界的客观实在并不是一个纯粹客观的过程。因此，不同的人对同一现象会有不同的理解和描述，或者同一个人对同一现象做出反复的理解和描述，都是十分正常的。

其二，物理学的认知建构特征还取决于科学家们建构物理学的理想与方式。

爱因斯坦（Albert Einstein，1879—1955）（2008）[51-53]在论述科学体系的层次结构时指出：“科学的目的，一方面在于尽可能完备地从整体上理解感觉经验之间的联系，而另一方面在于通过使用最少原始概念和关系来达到这一目的（只要有可能，便力求找出世界图景中的逻辑统一，即逻辑基础的简单性）。”那么，科学家如何实现上述目的呢？爱因斯坦指出，科学发展的第一阶段就是日常思维水平——建立那些“与感觉经验的情况直接相关的概念和关系”，形成科学体系的第一层次。但是，在科学家看来，“这种方式所获得的概念和关系的全体完全缺乏逻辑上的统一”，于是他们“发明一套概念和关系较少的体系，该体系保留‘第一层次’中的原始概念和关系，把它们作为逻辑上的导出概念和关系”，这就形成了科学体系的第二层次。为了追求更高的逻辑统一性，科学家还要继续构造能够导出第二层次（从而间接导出第一层次）的概念和关系的、数目更少的“基本概念和基本关系”，达到科学体系的第三层次。然而，科学家对逻辑统一性的追求并未停止，他们会继续寻求更基本的概念和关系，直到所建立的科学体系“具有最大程度的可想象的统一性及最少的逻辑基础概念，又与我们的感觉所做的观察相一致”。

物理学家吴大猷（1997）[2]也有类似的论述：“对观测资料或实验资料进行分析，为我们思考现象和表述经验定律而引进概念，这些构成了作为一门科学的物理学成长的最初阶段。第二阶段则是经过思考构建现象的‘理论’。理论的目的是使物理学家运用较少的或较简单的连接物理概念的假定关系，去力图‘理解’（以定律形式表达的）经验事实。这些假定关系可能要求引进新概念。牛顿运动定律中的动量概念，牛顿万有引力概念，热力学中的熵概念，化学中和气体理论中的分子概念等等，便是例子。”

值得注意的是，爱因斯坦（2008）[52-53]不赞同把科学体系的不同层次理解为归纳法的不同“抽象的程度”，而更愿意将其看作“建构性的人类思维为得到一个逻辑上尽可能统一的物理学基础”而走过的道路。这就是说，科学体系的建立不宜理解为感觉经验的归纳，而应理解为基于感觉经验的人类思维的“自由发明”。

我国学者金尚年（2007）[101-106]用图 3-1 表示物理科学研究方法：

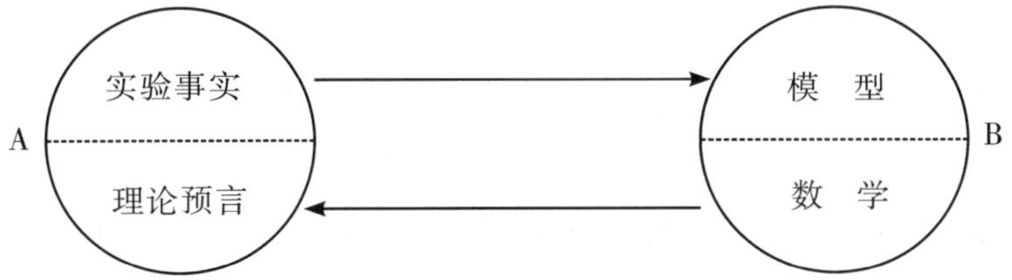

图 3-1 物理科学研究方法示意图

A为起始端，包括已有理论关于某种自然现象的预言，以及这种现象的新的实验事实；当理论预言与实验事实之间存在差异时，便成为科学研究的一个出发点；大量的反映理论与实验存在差异的资料经过分析归纳输送到B端，以此为依据，科学家创造出新的、能够用数学加以表征的物理模型；基于新的模型，运用数学工具进行逻辑演绎得出新的理论结论，再送回到A端与实验事实进行比较；如果二者差异消失或减小，即为取得成功或进步，完成科学研究的一个循环。

金尚年将这一研究方法概括为理论和实验相结合、归纳和演绎相结合、模型与数学相结合的方法，并且认为该方法自牛顿时代开始形成，至爱因斯坦达到完美，同时亦为玻尔及哥本哈根学派所使用。可见，上述方法可以看作是物理学研究的一般方法。这一方法表明，由于物质世界的无限复杂性以及人类认识的生理局限性及历史局限性，物理学需要通过模型的建构来认识物质世界，如关于天体运动的各种宇宙模型，关于物质结构的各种微观粒子模型，关于宏观机械运动的牛顿力学模型（包括绝对时间模型、绝对空间模型、质点与刚体模型、作用力的数学模型等），关于电磁运动的场模型，关于黑体辐射的普朗克振子模型，等等（金尚年，2007）[84，102]。金尚年（2007）[105]特别指出，科学家在创建新的物理模型时，都会受到实验事实的启示，但从实验结果到物理模型之间并无逻辑的必然，因为同一实验事实可以用不同模型进行解释。也正是在模型建构这一环节上，不同科学家之间存在差异，而这种差异与科学家的思想观念有着密切的关系。比如，爱因斯坦受“实在世界”和相对论思想的影响，而玻尔则对此不予考虑。在玻尔看来，物理模型只要能解释现象就行，而不在意它的本体论意义。这一点不仅可以从他支持波函数的统计解释反映出来，也可以从他的定态跃迁模型的建立中反映出来，因为其中“电子绕原子核做圆周运动而不辐射能量”的假设是与经典电磁理论显著冲突的，而所谓“电子绕核做圆周运动”的模型后来也被否定了。可见，物理模型的建立也不是从实验事实直接“映照”出来的，而是在实验事实的启示下，受某种思想观念的影响而创造出来的，即它是建构的。

综上所述，由于物质世界的无限复杂性以及人类对逻辑统一性的不断诉求，再加上人的感觉系统的天然不足以及人的观念、认识的历史局限，人们在认识物质世界时不仅要通过观察、实验获得感觉经验，更要借助具有主观特征、非逻辑特征的“思维的自由创造”，凭借智慧的力量去超越感觉经验，建构关于物质世界的意义，在主观因素与客观因素反复不断的相互作用过程中，发展用以理解物质世界的种种模型，形成科学理论体系。另外，物理学的认知建构是实验探索和主观构想交叉反复、迂回曲折的非线性发展过程，而且是一个群体、社会共同建构的过程。

第三节　中学生物理探究中认知建构的典型特征

本节介绍中学生物理学习的观察案例，然后进行理论分析。

一、课堂探究中学生认知建构特征的观察案例

在物理学科教育领域，近年来关于学生认知建构的解释主要有前文所述的概念转变、认知资源模型以及建模理论，这些理论给我们的启示将在后文讨论。在此，我们试图先通过几个观察案例来初步了解中学生在课堂上的科学探究过程中认知建构的某些重要特征。

说到物理学的认知建构，大致可以分为三个层次：（1）物理观察的表象与经验的建构；（2）基于观察与实验（或逻辑推理）的概念和规律的建构；（3）为追求逻辑统一性而进行的理论体系的建构。

对中学生而言，课堂探究过程中的认知建构主要表现在前两个层次上。因此，我们主要对此二者进行粗略的观察研究。

1. 中学生物理观察的表象与经验的建构特征

先看研究案例（王文清 等，2009）。在高中“加速度”教学中，我们让学生观察一个运动现象——飞机与摩托车赛跑的视频，然后请他们在同一坐标系中画出飞机与摩托车的速度－时间图像。图 3-2 是学生画出的有代表性的 5 种图像，这反映了他们用数学图像所表征的关于飞机与摩托车赛跑过程的心智模型。

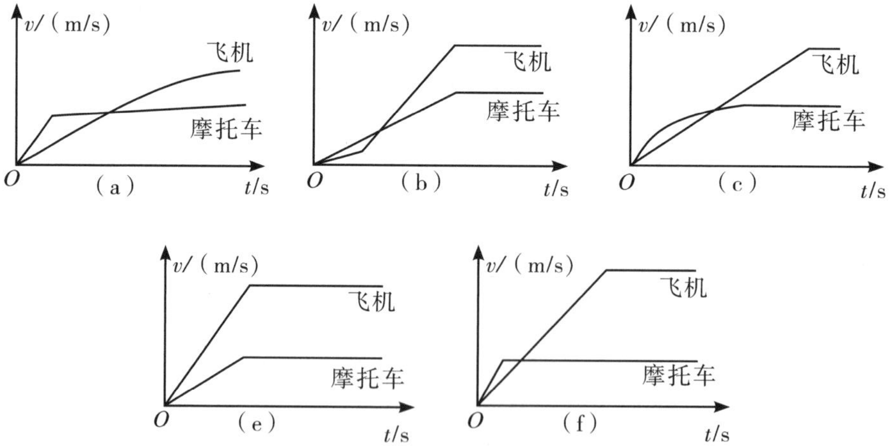

图 3-2　飞机与摩托车赛跑的速度－时间图像

首先，这一心智模型不是通过视频观察直接得到的。这是因为，在这段视频中，学生直接观察到的是：飞机与摩托车最初静止于同一起跑线，然后同时启动，运动越来越快；在启动的开始阶段，摩托车冲在飞机的前面；一段时间之后，飞机逐渐追上并超过摩托车。由于已经学习了机械运动、位置、位移、速度等概念，学生可以明确地辨别出两个物体在某时刻的位置或某时间间隔内的位移上的异同，而对速度的感觉则是非常粗略的。他们可以认定：飞机与摩托车的初位置、初速度相同；启动时速度都逐渐增加；开始阶段的各个时刻摩托车的速度比飞机的快；一段时间之后，飞机的速度比摩托车的快。如果让他们分辨谁的速度变化快，那就要基于观察信息和其他相关概念（如比率概念——用速度变化与所用时间的比值衡量速度变化快慢）做出更多的推测——比较速度之差与所用时间的比值。这表明，学生的观察运用了相关知识，并进行了逻辑的思维判断。

但是，学生进行正确的逻辑推断也不一定能得到正确的观察结论。就前述观察而言，学生可以如此推测：飞机与摩托车从同一起跑线同时启动，由于摩托车在开始的一段时间冲在飞机前面，表明在先前某时刻它的速度大于飞机的速度，所以它在该时刻之前的那一阶段的速度变化比飞机的大，因所用时间相同，所以速度变化就比飞机的快。但是，也有的学生这样推测：飞机与摩托车从同一起跑线同时启动，当飞机追上摩托车时，它的速度一定比摩托车的速度大，那么在开始到此刻的这段时间内，飞机的速度变化就比摩托车的大，因所用时间相同，所以飞机的速度变化比摩托车的快［如图 3-2 中（e）图］。由于观察者采用了观察事实中不同的信息——前者采用了启动开始阶段的信息，后者采用了从开始到飞机追上摩托车这一阶段的信息，尽管都进行了合理的推断，但却得出了截然不同的结论。

那么，学生的观察结论完全是由观察信息逻辑地推出的吗？前述的两个可能的推断都是合理的，但却是相互矛盾的。由于学生此时只是用平均变化率来判断速度变化快慢，因此要解释两个结论之间的矛盾，得出合理的观察结论，完全从观察信息进行逻辑推断恐怕是困难的。学生可以这样思考：开始时飞机与摩托车都静止，如果总是摩托车的速度变化快，飞机就不能追上摩托车；如果总是飞机的速度变化快，摩托车就不可能冲在飞机前面。他们会意识到原来的两个结论都不能单独解释所观察的现象，于是逐步设想：摩托车和飞机加速到一定程度后速度应保持一个稳定值，但飞机的加速时间比摩托车的长，这样，飞机的速度就会逐渐超过摩托车的速度，从而追上并超过摩托车[如图 3–2 中（f）图]。显然，学生不可能从视频中直接看出飞机和摩托车什么时候由加速转变为匀速，因此，这个运动过程模型是他们为了解释现象主动构想出来的；相关结论也不是像前两个结论那样从观察信息推导出来的，而是基于设想的情境推测出来的。学生之所以相信这样的构想和结论，是因为它们能合理地解释观察事实并为其他人所认同。其实，图 3–2 中的 5 种图像都是为解释现象而设想的过程模型。

学生的观察结论有没有主观因素的参与？从本案例中可以看到，学生的观察会由于某些主观因素的影响而关注、选择不同的观察信息，也会受已有知识的影响而“看”出不同的内容。另外还有一个更重要的情形。图 3–2 中（f）图被认为是描述飞机与摩托车赛跑现象的正确结论，但是，它真的描述了该过程的事实真相吗？显然不是。事实上，学生根本无法得到本体论意义上的事实真相。可见，如果要求学生的观察结论要纯粹客观，就会陷入无法克服的困境，这既不现实，也无必要。如何解决这一问题呢？按照通常的说法，要忽略次要因素，突出本质因素，进行科学抽象。实质上，这也是人们为了认识种种复杂的物质对象，不得不采用的方式——给实际对象构想一个可能的模型，看它能不能更好地解释已有的观察事实，能不能得到大家的认同。

这表明，学生的观察结论的得出不仅有主观因素的影响，而且经常是必须有主观因素的参与，这也正是其创造性的体现。

本案例使我们看到，中学生的物理观察与物理学建立过程中物理学家的观察具有相同的建构特征，即便是那些在我们通常看来十分直观的现象，对它们做出描述和理解都不是轻而易举的事情，都是有多种主客观因素的反复的交互作用，不可能由一个单一的实验归纳过程完成。

2. 中学生基于观察与实验的概念和规律的建构特征

中学物理中依据观察与实验建立概念与规律是教学内容的主要部分。

通常的教学方式大多是由几个典型现象归纳出所要建立的概念或规律，似乎物理概念与规律可以从个别典型的观察与实验中严密地归纳出来，并且能够被学生理解和掌握。那么，线性实验归纳式的探究过程对学生在物理概念与规律学习中的认知建构的效果如何呢？

下面是一个相关研究案例。在某班级的“加速度”概念教学中，我们先给学生发放一个工作单，其中布置了如下任务：观看飞机与摩托车赛跑的视频，然后依次回答下列问题。

（1）在看老师播放的视频之前，请大家想一想，可能会出现怎样的情况？请你把它写出来。

（2）你看到的情况与事先所想的一样吗？

（3）请把你所看到的现象描述出来。

（4）飞机与摩托车分别做什么运动？有什么不同？你是怎么判断出来的？

（5）请大家用速度－时间图像描述飞机与摩托车的运动。

（6）请陈述你所画出的图像的含义，并说明这样画的理由。

（7）请你列举一个实例，以此说明，有时两个运动物体的速度变化快慢是不同的。

课上，教师按照上述问题顺序展开教学。前 6 个问题，先让学生依次将答案写在工作单上并进行简单讨论，最后独立完成第 7 个问题，以检查学生在这一教学片段的学习效果。

这一教学设计是在前一个研究案例基础上改进的。因为在前一个研究案例中，授课教师采用的就是常见的实验归纳方法，即通过研究飞机和摩托车赛跑的现象，归纳出不同物体的变速运动可能有速度变化快慢不同的特征，从而引入加速度概念。当时，教师让学生列举实例说明这种运动的特征时，学生的回答很不理想，被提问的三个学生中没有一个能给出清晰、准确的说明。于是，我们试图通过引导学生对典型现象进行预测、观察、描述、解释，进而引发学生将自己的推测与更多的日常情境及相关认识联系起来，促使学生对其做出推测所依据的经验、概念、思维方式以及深层观念等进行充分的表达、交流，实现对概念的理解。可以说，这一教学设计意图是要避免实验归纳方式，尝试概念（或模型）

转变策略。

从回收的工作单看，学生对问题（1）至问题（4）的描述很少，有的就是空白；对问题（5）的描述较多，但对问题（6）大多数未作答；对问题（7）能比较适当地举例并加以说明的只有4例，能举例但陈述不完整的有22例，举例不当的有11例，没有作答的有4例。

通过课堂观察以及课后与师生的交流了解到，之所以对问题（1）至问题（4）以及问题（6）的回答偏少，主要是相应教学环节过快，学生来不及仔细思考和作答。尽管学生在教师引导下对个别典型现象进行了预测、观察、描述、解释，但能够初步建立起表征物体“速度变化快慢”这一运动性质的概念的学生只有很少的一部分，甚至有三分之一的学生不知所云。这一结果大大出乎我们的预料。

为什么会出现这样的结果呢？我们分析认为，授课时，尽管是按这一设计组织教学，但实际上对系列问题的讨论，尤其是对关键的问题（4）和问题（6）的讨论不够深入。教师总是急于引导学生尽快得出所要的结论，而未能切切实实地引发学生主动地联系其他相关情境并运用已有经验去加以讨论，更没有对学生表述中显露的不当认知进行质疑、追问，以致原来设想的试图体现建构思想的探究教学依然表现为归纳式的探究教学。

这一案例表明：其一，让教师摆脱实验归纳式的探究教学，使之转变为建构式的探究教学有较大难度；其二，基于观察与实验建立物理概念与规律时，通过个别典型实验的归纳来实现学生对概念和规律的理解，其效果是值得怀疑的。我们心存这样的疑惑：在基于观察资料和实验数据归纳而建立物理概念和规律时，学生能不能自然而然地消除已有的迷思概念并顺理成章地理解和掌握概念和规律的物理内涵？会不会不做深入思考而只是轻易地接受那些想来一定正确的归纳结论？如果不让学生清晰地意识到自己的已有认知，这种强制性的实验归纳会不会在某种程度上也是一种变相的灌输？就此我们认为，通常采用的对新知识直接进行个别典型实验的归纳式（以及逻辑推证式）的探究，难以保证更多学生的深层次的认知建构。

二、中学生物理探究中认知建构的典型特征

上述观察案例让我们在日常探究教学场景中初步觉察到学生认知建构的表现及特征。但是，这样的观察毕竟是粗略的，仅能使我们了解一些个别的认知建构特征。为了对中学生物理探究的认知建构特征做出更加清晰的描述，我们还需要借鉴物理教育领域中的相关研究成果，以做出自己的分析和理解。

1. 已有理论的借鉴

近年来，物理教育领域关于学生认知的研究成果主要有概念转变理论、认知资源模型和建模理论。

概念转变理论以建构主义学习理论及现代科学哲学观为基础，将科学知识发展进程中知识与范式转换的过程类比于学生学习的过程，将学生的科学概念学习解释为个体所拥有的概念结构的不断转换，而概念转变又依赖于个体所拥有的概念生态。于是，概念生态的组成要素便成为人们关注的要点。之后的研究表明，概念生态具有十分复杂的组成成分，不同研究者的认识各有不同（蔡铁权 等，2009）[28-78]。总结各家之言，概念生态可以分解出以下关键要素：认识论与本体论信念；拥有的知识；已有的经验；观察案例（范例与反例）；认知方式；社会 / 情态因素。概念转变理论观点为我们重新认识学生科学探究过程中的认知建构特征与机制提供了重要启示——学生的认知建构并不是教科书通常呈现的线性实验归纳过程。另外，概念生态的要素分类为我们理解学生概念转变的相关因素提供了可资参考的框架。

认知资源模型是综合神经科学和认知科学的研究成果而建立的一个认知模型，它指出了概念转变理论在解释认知机制方面的不足，认为学生思维过程中认知资源（可近似理解为概念生态的诸种要素）的激活并不是一系列必然的“刺激—反应”的联结，而是受主观因素与客观因素影响的具有概率特征的动态过程。认知资源模型给我们的重要启示是，并不是具备了所需概念生态的诸种要素就能自然而然地实现概念转变，认知建构的进程与结果还会因实际的情境因素以及个体特有的概念生态及概念生态诸要素之间的联结程度而发生变化。

建模理论像概念转变理论依据了建构主义学习理论和现代科学哲学观念，也像认知资源模型依据了认知科学的研究成果，同时还关注了学科知识的结构要素，认为心智模型是个体用以表达对客体及现象的观察和理解的个体化的心理表征方式，并可以通过图像、符号、语言、文字、肢体动作等多元方式加以表达，进而将学生的科学学习解释为与科学家类似的个体心智模型的构建以及经过交流与协商向科学模型转化的过程。建模理论在本质上与概念转变理论是一致的，而建模理论的心智模型概念能够使我们更加合理地理解认知建构的本质，它所关注的各种心智模型的表征方式还为我们提供了鉴别学生的心智模型的有效工具。

2. 中学生物理探究中认知建构的典型特征

对照物理学的认知建构特征，联系前面的观察案例并参照已有理论成果，我们可以描绘出学生物理探究中认知建构的如下特征：

（1）学生在课堂教学情境下进行物理探究时，其探究的目的是否可以像物理学家那样明确——认识物理世界，要看教师的教学引导。如果引导不当，则很容易将其认识物理世界的内在动机部分地掩蔽起来，从而将探究的目标指向前人建立的科学知识的逻辑推理或实验映证。显然，学生的认知目标及进程会受到教师教学组织的显著影响。

（2）由于身处物质世界，学生在日常生活中就已经开始了对物理现象的观察和思考。在日常观察与思考中，尽管学生还不能像物理学家那样明确地追求一般性原理以实现对诸种现象的一致性解释，但他们也会在不同程度上主动协调新的认识与观察信息及已有认知之间的关系，求得新的认识与观察信息及已有认知之间的某种平衡。

（3）与物理学家一样，学生观察物理现象并对之做出描述和理解，既要受客体对象的客观性质的影响，也要受个体的主观因素的影响。一般地讲，观察的途径与手段不同，所能获得的客体信息也不同，这势必会影响对客体性质认识的清晰与深入程度。然而，由于任何观察都不可能获得全部的客体信息，因此学生也必须凭借有限的观察信息来构想其对观察对象的描述和解释，这也就是个体所构建的心智模型。显然，由于学生日常观察获得的客体信息少，构想的成分就会更多，不当认识就可能更多，由此构建的心智模型与科学模型的差距就可能更大。但是，无论凭借怎样的观察途径和手段，学生的观察与思考都不会是一个纯客观、纯逻辑的过程，个体所拥有的概念生态的主观性因素会对其心智模型的建构以及转换产生潜在的、深刻的影响。

（4）学生心智模型的构建与转换过程中，诸要素之间的交互作用并不是“刺激－反应”的必然联结，而是要受物理情境因素、个体的认知资源中各因子之间关联程度的影响，要受到个体的情态因素、个体间交流与协商的影响，具有概率特征。

（5）学生的认知建构同样不可避免地具有思辨特征，思辨应该是导致其不当认识的重要原因，但思辨也可能使其产生合理的构想。

（6）学生可以用不同的方式来表征他们的心智模型，尤其对中学生来说，先前的学习会使其拥有更多可资利用的表征方式。尽管学生还不能像物理学家那样创造性地选择基本概念和原理来构建理论体系，但他们都拥有自己的概念体系和认知模式。

无论从物理学家的科学探究实践来看，还是从学生的科学探究学习来看，尽管都力争通过更加符合逻辑、更加符合客观事实的实验归纳途径得到关于物理世界的合理解释，但是由于诸多客观的、主观的、情境的因素的影响，其实际的探究进程却不可能是线性的实验归纳过程，而是必然甚至必须加入超越观察信息的、非逻辑的因素，从而导致各不相同的认知建构，形成个性化的心智模型。一个表征物理世界的潜在性质或关系的科学模型的建立不可能由单次线性的实验归纳或逻辑推理实现，而是需要对现象进行反复的、逐步深入的观察和解释，同时还需要个体之间的交流与协商。

第四节　课堂情境下学生物理探究的认知发展模型

将学生物理探究中的认知建构特征与物理学的认知建构特征进行比较，我们不难看出，二者在本质上是一致的。既然如此，课堂教学情境下，学生在探究过程中就应该体现出认知建构的诸种典型特征。那么，要想使认知建构的典型特征得到显著的体现，学生在课堂中的物理探究应该经历怎样的心理进程呢？对此，我们尝试用“课堂情境下学生物理探究的认知发展模型”对其探究中的认知机制做出描述。

一、课堂情境下学生物理探究的认知发展模型

依据物理学家科学探究的认知建构特征以及中学生物理探究中的认知建构特征，参照概念转变及心智模型转换的思想，我们认为，课堂情境下，学生科学探究的认知心理进程应该是其基于日常观察与思考所建立的心智模型，经历若干次逐步深入的观察与思考而渐次转换，向科学模型发展的过程，同时又是其日常思维向科学思维逐步发展的过程，我们称之为认知发展过程，并用图 3-3 进行表示。所谓认知发展，就是指学生的认知结果——概念或心智模型的转变，同时还有认知方式的发展变化。

首先，学生要意识到将要学习的核心知识所对应的开放性的焦点问题（参见第四章第二节的“问题定位”部分）。在教学情境下，焦点问题需要教师的适当引导才能以适当的方式被学生所认识。

在明确焦点问题之后，学生就要展开问题研究。依据概念转变理论或建模理论，学生在课堂教学之前就已经具备相应的已有认知，而其中又以与日常生活经验密切相关的认知最为稳定、顽固。所以课堂中学生的探究宜选择从其对日常现象的观察或表象回忆开始，通过对日常现象的解释深度地唤起其已有认知，再现其心智模型（M_0）；如果能将其心智模型表达出来，甚至与他人进行交流，接受询问和质疑，则更利于促进其认知方式及心智模型的自我检讨，形成认知冲突。这个阶段主要是学

生再现和检讨其日常观察与思维所构建的心智模型及其认知方式，生成需要进一步探讨的问题。

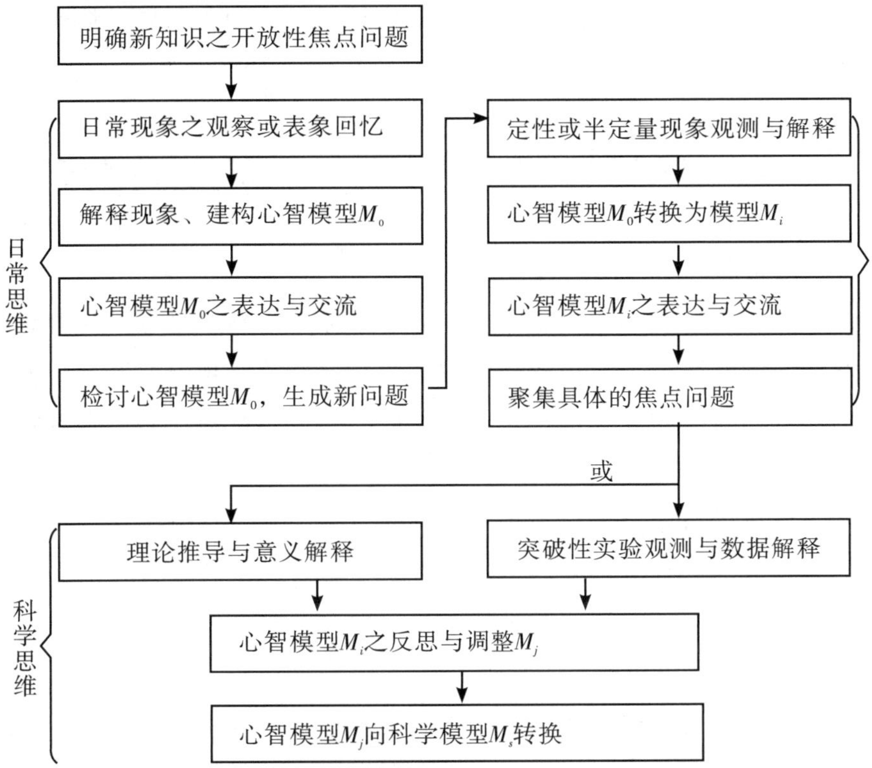

图 3-3　课堂情境下学生物理探究的认知发展模型

学生最初构建的心智模型 M_0 一般不会由一次典型实验的归纳或理论推导而转变为科学模型 M_s，而是需要一个类似于“准实验研究”的阶段，以进一步对相关现象进行定性或半定量的观测，借助更多的观察信息进行思考，对心智模型 M_0 进行反思与调整，转换出新的心智模型 M_i。这一阶段不是教师展示相关现象为学生做出归纳或解释，而是由学生主动地建构自己的理解。由于是定性或半定量的观测，受观察信息局限性的影响，此时的心智模型 M_i 仍然含有较多构想、猜测的成分，因此这样的过程能更充分地表现出认知建构的非线性特征，有利于暴露已有认知的深层次问题。为使已有认知的深层次问题得以显现，学生同样还需要将这一阶段的心智模型 M_i 进行表达、交流及自我检讨等，以便意识到新的认知冲突，聚焦出更加具体的焦点问题。

当具体的焦点问题明确之后，就需要运用科学思维方法，实施能够突破焦点问题的实验探究或理论探究，使其心智模型 M_i 再次得到反思和调整，转换至心智模型 M_j，再经过之后的拓展、应用与反思，形成科学模型 M_s。

二、课堂情境下学生物理探究的认知发展模型的特征

我们认为，学生经历上述认知进程，能够显著地体现认知建构的典型特征，这是因为：

（1）这一认知进程将学生课堂探究的目标回归到对物理世界的观察与解释，回归到对核心知识所描述的客体对象及相关现象的充分、渐次深入的观察与自主的意义建构，以及适度的交流与协商，而不是对知识的直接论证。

（2）学生的日常经验成为重要的认知资源，对定性或半定量实验的观测与解释成为探究的重要环节，这更易于暴露学生已有认知中的深层问题，有助于学生对物理问题进行实质性的深入思考，深化对概念及规律的物理意义的认识。

（3）由日常观察到准实验观察再到突破性实验观察，学生对相关现象的观察与解释是逐层递进的，而且在每个层次上都强调学生发挥主观能动性，自主地构建对现象的解释，构建个性化的心智模型，而不是强制学生进行线性的实验归纳，更不是教师借助实验或理论给学生得出结论。

（4）学生在各阶段进行心智模型的表达、交流、检讨，可以对其心智模型进行自我认知、相互比较和自我调节，实实在在地经历反复多次的心智模型转换以及认知方式的发展。

（5）学生通过渐次观察，大胆构想，构建和转换模型，真实地经历与物理学家的实际探究更为相似的科学认知进程，体验科学认知的本质。

第四章　促进认知发展的物理探究教学模型

前文提出的“课堂情境下学生物理探究的认知发展模型”构想出学生课堂探究的一种预期的认知进程或认知建构机制。但是，我们应该注意到，课堂情境下学生探究的认知进程是受教师教学组织的显著控制的。比如，一个线性的实验归纳式探究教学设计给学生进行心智模型的开放性构想及反复调节、多次转换的机会极为有限，认知建构的各种特征就很难充分地体现出来。因此，随之而来的问题就是，如何才能让学生在课堂探究中实现预期的认知进程呢？为了解决这一问题，我们先对已有的几种典型的探究教学模式进行分析，再从理论角度进行构想，构建新的探究教学模型。

第一节 典型探究教学模式分析

依据“课堂情境下学生物理探究的认知发展模型”来分析，目前所见的典型探究教学模式存在怎样的问题呢？我们现对此进行讨论。

前文曾提到多种探究教学模式，其中受到我国理科教学关注的只是几个典型的教学模式。从新近出版的文献看，受到持续关注的主要有“学习环”模式、“5E”模式和萨其曼的探究训练模式（徐学福，2010）[38, 80]（蔡铁权 等，2009）[94-95]。另一个具有广泛影响的就是物理新课标提出的“七要素”模式（廖伯琴，2010）[70]。最后，还有前文所述的台湾学者建立的“双重情境学习模型”。下面我们对这些模式进行分析。

一、“学习环”模式分析

“学习环”模式是卡普拉斯在20世纪60年代依据皮亚杰的认知发展理论建立的，由概念探究、概念引入和概念应用3个阶段构成（徐学福，2010）[80-90]，见表4-1。

表4-1 “学习环”模式的操作

阶段	各阶段的操作
概念探究	教师根据教学意图提供器材和资料，或由学生自己选择收集资料；帮助学生获得正确的数据；引导学生处理数据资料，探究其中的逻辑联系与概念属性，形成意向性概念
概念引入	教师引导学生进一步讨论和解释数据，介绍相关的科学术语，让学生尝试给概念下定义
概念应用	鼓励学生将新概念应用到其他情境当中，拓展概念的多种内涵

从总体上说，这一模式的基本意图是让学生经过亲自探究现象，主动地建立和发展自己的概念，让学生经历“新信息的同化、认知失衡、顺应、组织”的心理过程，具有明显的建构特征。

但是，该模式对概念探究环节的描述过于笼统，没有将学生探究现象的层次分解出来。于是，教师在引导学生探究时，往往会过早地进入观察信息最明显的典型实验的观测，过早地进入实验定量数据的获得与分析论证。这样一来，教学过程就很容易忽视学生探究中已有认知的充分展现以及心智模型的渐进转换，也很容易把探究演变为线性的实验归纳。所以，“学习环”模式比较适合小学和初中较为简单的科学内容的探究。

二、“5E”模式分析

“5E”模式是20世纪80年代美国生物科学课程研究小组在“学习环”模式基础上发展出来的，由引入（Engagement）、探究（Exploration）、解释（Explanation）、精致化（Elaboration）和评价（Evaluation）5个阶段构成（蔡铁权 等，2009）[94-95]，见表4-2。

表4-2　“5E”模式的操作

阶段	各阶段的操作
引入	教师以活动或问题引起学生参与学习，帮助学生联结所知的和能做的事
探究	向学生提供鉴定及发展目前的概念、过程和技巧的共同经验基础；学生通过合作活动来探讨概念，并在教师的引导下澄清主要的概念和技能
解释	使学生能以言语表达他们对概念的理解或示范他们探索经验的技巧与行为；学生解释他们所学习的概念和学习的过程，教师澄清学生对新概念与知识的了解和判断
精致化	使学生对概念在了解的基础上予以挑战及延伸，并且给予学生验证预期的技巧及行为的机会；激发学生应用所学的概念，建构自己对概念的了解，扩展知识和技能
评价	鼓励学生评价他们的了解程度及能力，给予教师评价学生达到教学目标的进展状况的机会

“5E”模式实质上就是在“学习环”模式基础上增加了前面的“引入”和后面的“评价”环节，而“探究”、“解释”和“精致化”环节分别对应“学习环”模式的三个阶段。显然，“5E”模式存在着与“学习环”模式同样的问题。

三、“萨其曼探究训练”模式分析

探究训练模式是萨其曼在20世纪60年代依据科学家科学研究的实践提出来的，包括展示问题情境、建立假设与收集资料、获得解释、反思探究过程四个环节（徐学福，2010）[38-64]，见表4-3。

表4-3 “萨其曼探究训练”模式的操作

阶段	各阶段的操作
展示问题情境	教师通过多种方式设置一个令人倍感困惑与诧异的问题情境，以激发儿童的好奇心和动力，给儿童的探究指明范围和方向
建立假设与收集资料	探究者在某种认知模式指导下，主动、灵活、广泛地收集数据，通过变换条件进行观察；根据假设检验的需要不断调整数据收集
获得解释	让学生对获得的数据进行分析、比较、分离变量和重复，对数据做出解释，促进学生在探究中的同化与顺应活动
反思探究过程	引导学生通过回顾来反思过去的思维活动，以理解探究过程的逻辑结构和探究策略

探究训练模式在“建立假设与收集资料”“获得解释”两个核心环节的操作说明指出了收集数据与解释数据的非线性特征，较之前两个模式更为合理。但是，探究训练模式强调学生在这种具有非线性特征的探究中获得更大的自由，主张学生的探究更具开放性。在课堂情境下，这种模式较适合于对简单内容的探究，当探究内容较为复杂时，开放式探究的实施会遇到很多难以克服的困难。

四、“七要素”模式分析

“七要素”模式是我国中学物理新课程标准提出的，包括提出问题、猜想与假设、制订计划与设计实验、进行实验与收集证据、分析与论证、评估、交流与合作七个要素。新近的研究给出的探究活动流程是：创设情境，提出问题；建立假设，确定目标；制订计划，分工合作；师生互动，进行探究；分析论证，得出结论；交流与评价；归纳总结，引申拓宽（廖伯琴，2010）[69-73]。见表4-4。

表4-4 “七要素”模式的操作

阶段	各阶段的操作
创设情境提出问题	恰当地设计教学情境，激发学生的思维火花和学习动机，使学生积极主动地投入到学习中

续表

阶段	各阶段的操作
建立假设 确定目标	引导学生利用已有经验和知识，采用多种思维方法进行猜想和假设，以问题形式确定探究目标
制订计划 分工合作	以小组分工合作的方式制订探究计划
师生互动 进行探究	通过师生之间、生生之间的相互交流与合作，实施探究
分析论证 得出结论	教师指导学生对获得的实验现象以及数据进行分析与论证，并尝试提出自己的实验结论
交流与评价	引导学生展开讨论和交流活动，使学生发表自己的探究成果和方法，倾听他人的探究经验，进行客观的比较和鉴别，改进自己的学习经验，提高认识
归纳总结 引申拓宽	通过归纳总结揭示知识的内在联系，强化知识体系；通过不断变更问题情境或改变思维角度设置问题，拓宽学生的知识

这一模式仅仅在理论上表明探究中的认知建构性，而在操作上主要表现为一个线性的实验归纳的探究程序。近年来关于科学探究阶段的研究提出的轮状模型是一个以问题为轴心，围绕问题进行观察、选择问题、形成问题、研究已知、表明预期、进行研究、解释结果、反思结果、交流发现的九阶段模型（王晶莹，2011）[103]。类似这样的探究模式实际上仅仅是对某项研究过程的总体描述，更多地表明科学探究的实证特征，对其中的细节上的建构特征则表述不够。“七要素”模式与此是类似的。对于课堂中围绕某一核心知识展开的探究，更重要的不是如何去实证知识的合理性，而是让学生经历微观层面的认知发展过程。

五、“双重情境学习模型”分析

“双重情境学习模型”是基于概念转变理论而建立的，包括六个环节：（1）考察物理概念的属性；（2）探查学生的迷思概念；（3）分析学生认识科学概念属性所缺乏的心向；（4）设计双重情境学习事件；（5）运用双重情境学习事件进行教学；（6）运用挑战性情境学习事件进行教学。见表 4-5。

表4-5 “双重情境学习模型”的操作

阶段	各阶段的操作
考察物理概念的属性	确定建构对概念的科学认识所必需的心向
探查学生的迷思概念	探查学生关于科学概念的信念
分析学生认识科学概念属性所缺乏的心向	查明学生重建科学概念所缺乏的特定的心向
设计双重情境学习事件	基于前一步的分析结果，设计一系列双重情境学习事件
运用双重情境学习事件进行教学	给学生提供机会，以形成认知冲突，并建立新的心向
运用挑战性情境学习事件进行教学	给学生提供机会，运用其获得的心向于新的情境

这一模型的第（1）、（2）、（3）、（4）环节是在课堂教学之前进行的，其中第（4）环节的操作是针对课前测试与分析所确定的学生拥有的迷思概念而进行的，第（5）环节便依此而展开。这样的操作显然是针对一个个迷思概念的转变来实施教学，这就容易成为一个逐点突破的教学，不易保持探究的整体完整性。此外，第（5）环节的展开还缺乏更详细的描述。

上述分析表明，我们有必要对现有探究模式的某些环节进行改进。

第二节　促进认知发展的探究教学模型

下面解决本书的一个关键问题——新的用于课堂情境的中学物理探究教学模型。

一、“促进认知发展的探究教学模型”的理论构想

本书的核心目标是要超越具有明显客观主义倾向的简单线性的实验归纳与理论推导的探究教学，实现更加符合物理学的认知建构规律和中学生物理学习的认知建构规律的探究教学。为此，我们需要构建一个新的运用于中学物理课堂的探究教学模型。在理论上，新的探究教学模型应该能切实有效地促使学生经历“课堂情境下学生物理探究的认知发展模型”所描述的认知进程，故称之为“促进认知发展的探究教学模型”。这一教学模型力图使中学物理课堂中的探究教学呈现以下重要特征：

（1）要把认识真实的物理世界视为学生进行探究学习的基本认知目标，即物理知识的学习不是只为解决那些假想的情境问题来获取分数，更是为科学地理解认知主体身处其中的物理世界。也就是说，物理学习的认识客体不应该是教材所呈现的物理知识，而是物理学所研究的对象。因此，教学要尽可能选择真实的（而不是那些简化的、模拟的、虚构的）物理现象作为学生探究的对象，由此生成具有层次结构的问题，展开真实的探究活动。

（2）基于真实情境的物理探究要激励学生积极地唤起自己的已有观念、知识、经验及认知方式，联系与之相关的多种情境，对探究对象进行渐次深入的观察、描述及解释，大胆建构自己的理解。要想引发学生的建构性探究活动，就不能强求学生依照一个线性的模式从现象中归纳出所谓的客观结论，而是要促成学生在探究过程中多种认知要素（如观察信息、已有观念、知识、经验、他人见解等）之间的交互作用，生成自己的理解。

（3）探究教学要随时关注学生的认知状态，要鼓励学生在探究的某些重要阶段用多样化的表征方式（如动作、语言、图形、符号、图像等）

来表达自己观察与思考的结果，教师要由此判断和了解学生的已有认知以及迷思概念的形成原因，判断和了解学生的心智模型以及心智模型的发展变化。

（4）探究教学要使课堂成为一个交流与合作的平台，要将课堂探究教学看作是全体学生的群体认知过程，使学生感受同伴之间相互的情感与思维激励的效能，促使他们通过交流、协商逐步取得较为一致的认识。

（5）探究教学可以保留传统物理教学中的一些重要特征，如教师的导向作用、重点知识教学的完整性等。

二、“促进认知发展的探究教学模型”的要素与结构

参照课堂情境下学生物理探究的认知发展模型及前述理论构想，考虑中学物理教学的实际，我们提出图 4-1 所表示的“促进认知发展的探究教学模型”。

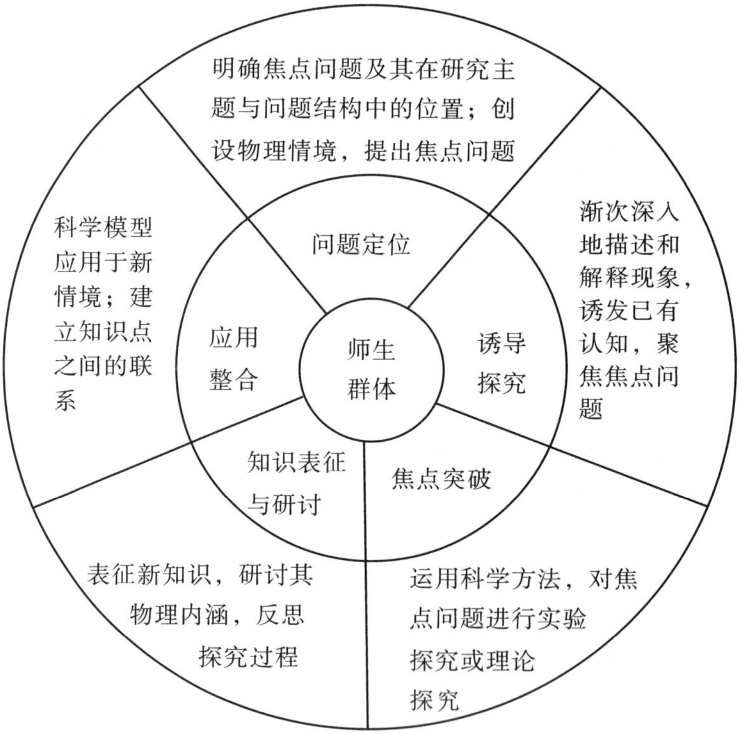

图 4-1 促进认知发展的探究教学模型

1. 模型的要素

“促进认知发展的探究教学模型”包括五个要素：问题定位、诱导探究、

焦点突破、知识表征与研讨、应用整合。下面对各要素进行讨论。

（1）问题定位

问题定位指的是确定课堂探究教学中核心知识所针对的焦点问题，并明确这一焦点问题在该知识所在知识单元的研究主题及问题结构中的位置。这一操作对应的学生心理过程即课堂情境下学生物理探究的认知发展模型中“明确新知识之开放性焦点问题”环节。

任何物理概念和规律都有其特定的表征对象及内容，针对某一物理概念或规律的表征对象进行探究，进而对概念或规律所表征的内容（物理内涵）进行意义建构的问题，就是该知识的焦点问题。比如，“加速度”概念表征的是物体机械运动的一种性质，其物理内涵是“物体运动速度的变化快慢程度”，因此，加速度探究教学的焦点问题可以是“如何认识并描述物体运动速度变化（快慢）的特点？”。又如，牛顿第一定律表征的是物体的惯性运动及力的本质，其物理内涵是“物体的惯性运动是静止或匀速直线运动，力是改变物体运动状态的原因”，因此，其焦点问题可以是“物体在不受任何外力作用时将处于何种状态？外力对物体的运动状态起什么作用？”。

物理教学中，知识内容是按照某种理论体系组织呈现的。我们很难让学生去建构一个具有逻辑统一性的理论体系，但又必须让学生在探究过程中认识到知识之间的相互联系，对理论体系有所理解。

我们知道，各项知识总是处在一定的知识单元中，并与本单元的相关知识共同构成一个相对完整的知识结构体系。当然，知识单元的选择不是唯一的，比如，中学物理可以分出力学、热学、电学、光学、原子论等较大的知识单元；力学又可以分出运动学、动力学和静力学等知识单元；动力学又可以进一步分出牛顿运动定律、功和能、动量和冲量等知识单元。然而，每个知识单元，无论大小，都有其特定的研究对象及内容，我们称之为知识单元的研究主题。比如，运动学描述物体的机械运动，动力学研究物体运动与物体间相互作用的内在联系，静力学研究物体在相互作用下的平衡；动力学中，牛顿运动定律是用“力”的观念研究动力学问题，功和能是用“能量”观念研究动力学问题，动量与冲量是用“动量”观念研究动力学问题；等等。显然，知识单元的研究主题是逐层展开的，并且最终落实在单元中各个知识点的焦点问题上。这个关系可以由图 4-2 进行表示：

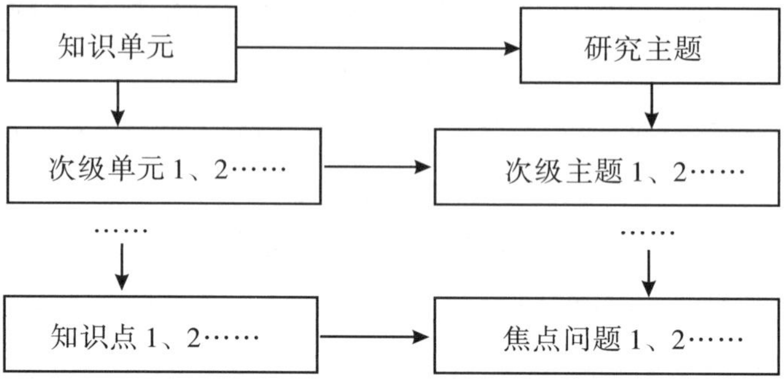

图 4-2　知识结构与问题结构

因此，一个知识单元不仅形成一定的知识结构（图 4-2 中左端一列），同时形成一定的问题结构（图 4-2 中右端一列）。比如，高中物理的运动学知识是由质点、时间、参考系、位置、位移、速度、加速度、匀速直线运动、匀变速直线运动、自由落体运动等知识构成的一个知识单元，其研究主题是物体机械运动的描述，而这一研究主题又可粗略地分为对研究对象、运动属性和运动形式及其规律三个相互联系的次级主题的研究，最后落实在各个知识点的焦点问题上，构成了该知识单元的问题结构（见表 4-6）。

表4-6　高中运动学知识单元的问题结构

<table>
<tr><th>研究主题</th><th>次级主题</th><th colspan="2">知识</th><th>各知识的焦点问题</th></tr>
<tr><td rowspan="11">物体机械运动的描述</td><td>研究对象</td><td colspan="2">质点</td><td>如何描述运动的物体?</td></tr>
<tr><td rowspan="6">运动属性的描述</td><td colspan="2">时间</td><td>如何描述物体运动的顺序性和持久性?</td></tr>
<tr><td colspan="2">参考系</td><td>如何描述物体的运动?</td></tr>
<tr><td colspan="2">位置</td><td>如何描述运动物体的空间位置?</td></tr>
<tr><td colspan="2">位移</td><td>如何描述运动物体的位置变化?</td></tr>
<tr><td colspan="2">速度</td><td>如何描述物体运动的快慢及方向?</td></tr>
<tr><td colspan="2">加速度</td><td>如何描述物体运动速度变化的特征?</td></tr>
<tr><td rowspan="3">运动形式及其规律的描述</td><td colspan="2">匀速直线运动</td><td>什么是匀速直线运动？其规律是什么?</td></tr>
<tr><td rowspan="2">匀变速直线运动</td><td>一般规律</td><td>什么是匀变速直线运动？其运动规律是什么?</td></tr>
<tr><td>特例：自由落体运动</td><td>什么是自由落体运动？其运动规律是什么?</td></tr>
</table>

在中学物理课堂中，针对某一知识点的探究教学进行问题定位，需要先明确该知识点所在知识单元的研究主题及其问题结构，然后可以由此引申出该知识点的焦点问题。比如，对加速度概念的探究教学进行问题定位，需要明确运动学的研究主题是对物体的机械运动进行描述；这一研究主题又可以从三个方面展开——研究对象、运动属性、运动形式及其规律；新概念（加速度）的建立是要探究和描述物体运动的一种新的属性。

对于中学物理知识的探究教学，问题定位在以下几个方面是有意义的。其一，焦点问题的确定给课堂探究的“问题提出”指明了方向，从而使每一核心知识的教学都可以设计为一个具有特定对象和内容的问题的探究；其二，研究主题及其问题结构的确定揭示了知识单元中各知识点所针对的焦点问题之间的内在的功能联系，即它们从不同方面对共同的研究主题展开探究；其三，以问题结构联结不同知识的探究主题，有利于促进学生对物理理论体系的理解，有利于知识的结构化。

新课程实施以来，我国中学物理课堂中探究教学问题导入的流行做法是通过与新知识相关的自然现象、生活实例、演示实验等创设物理情境，由此引出问题。创设物理情境是物理教学中的一种重要的探究导入方式，但在教学实际中却存在这样两种倾向：一是焦点问题的引出缺少对主题背景的考察，新知识的焦点问题与单元知识的研究主题以及其他知识的焦点问题之间的联系不能显现出来，以致科学探究的整体性和结构性不能体现出来，不利于学生认识知识之间的内在的功能性联系；二是教师提出的问题往往是一种缺乏开放性的实验归纳问题，比如，加速度概念教学中，在展示摩托车与飞机赛跑的视频之后，直接提问：“飞机和摩托车的速度变化快慢是相同的吗？”这就将探究处理为对某一性质或关系的直接的观察或实验的归纳，不利于引发学生的建构性思考。

由前文对物理学及学生物理探究的认知建构分析可知，物理学知识本质上是基于观察与实验的主观建构的结果，物理探究是学习者用不断转换的心智模型来认识物质世界。这样看来，物理知识教学中的科学探究的导入不宜是封闭的实验归纳问题，用开放的建构性问题引导探究应该是一种更值得选择的方式。

所谓建构性问题，是指提出的问题能够让学生围绕某一主题对相关的物理现象进行描述和解释，也就是让学生表述其关于研究对象、状态、过程及其性质、联系的心智模型。建构性问题与实验归纳式问题是有区别的。第一，它将科学探究回归到物理学研究的原态，即通过由浅入深的观察逐步对物质世界做出建构性的描述和解释，而不是强制性的实验归纳；第二，它的主要关注点不是如何对结论进行实证（尽管这是需要的），而是如何了解和促进学生描述及解释物质世界的心智模型及其转换；第三，它激励学生发表不同的见解并为之进行辩护，力图诱发学生的已有认知（尤其是那些不当的认识和不当的思维方式），而不是由统一的实验归纳来屏蔽隐藏在学生思想深处的问题。

要在某知识点的探究教学中提出建构性问题，就要将实验归纳观念转变为建构观念；要使问题具有开放性而又不偏离研究主题，问题的提出就不仅需要创设物理情境，还应该考察相关的主题研究背景。以“加速度”教学为例，应将其焦点问题视为变速直线运动过程及其属性的建构性问题，问题的导入可以从运动学的研究主题谈起，引导学生回顾已经完成的研究（尤其是在运动属性的描述方面已经建立的位置、位移、速度等概念），引出“物体的运动还有什么新的特征”之类的问题，再展示相关现象以创设物理情境，并用“你认为这些物体做什么运动（过程模型）”“你认为不同物体所做的这类运动有什么不同特征（过程属性模型）”之类的问题导入“加速度”概念的焦点问题。

这样，问题定位的内容可由图 4-3 做进一步表示：

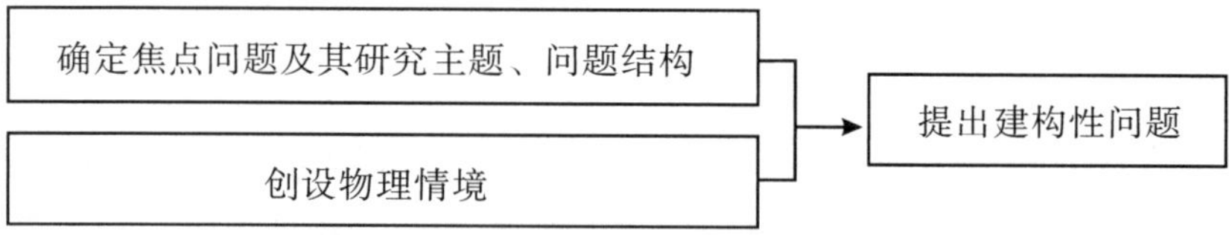

图 4-3 “问题定位”示意图

不难看出，进行问题定位不仅有助于明确各知识点的焦点问题的探究对象及内容，还有助于建立相关知识之间的功能联系，促进知识的结构化，并可以帮助我们把握探究的主题方向，提出恰当的、具有开放性的建构性问题。对学生而言，焦点问题的明确有助于加深对知识内涵的理解，研究主题及其问题结构的明确可以作为其探究学习的“先行组织者”。

（2）诱导探究

诱导探究是指教师通过建构性问题，引导学生基于已有经验，运用已有观念、知识、方法等，对新知识所表征的对象及内容进行经验性的、渐次深入的探究，激励学生联系多种真实情境，表达和交流不同见解，诱导学生显现其心智模型、相应的思维方式乃至本体论、认识论信念，并将问题的关键和难点聚焦出来。简单地说，诱导探究就是让学生围绕新知识的焦点问题进行尝试性的定性或半定量探究，表述他们对新知识所表征的研究对象及内容的心智模型，以诱发他们的已有认知，聚焦问题的关键。这一操作对应的学生心理过程即课堂情境下学生物理探究的认知发展模型中“日常思维”与“准科学思维”阶段的若干环节。

在中学物理知识教学中，科学探究指的是引导学生对新知识所表征的对象及内容进行探究，进而形成对新知识物理内涵的意义建构。但是，意义建构是如何实现的呢？对此，实验归纳方式与建构方式所隐含的观念是不同的。实验归纳方式意味着，意义建构可以在课堂上通过同样的现象观察以及相应的事实归纳，或者通过同样的理论推证而实现；建构观念则强调，意义建构在教学之前就已经发生，就是学生基于自己的经验或由于文化传递建立了相应的心智模型，而科学模型则是通过对物理世界的多次探究和反复解释来实现的，是通过心智模型的一系列转换来实现的，即通过认知转变来实现的。

为了实现认知发展式探究，我们已经在“问题定位”中要求以建构性问题来引导探究，目的就是要通过建构方式促进学生的心智模型向科学模型转换。为此，我们首先需要在课堂上让学生将其心智模型显现出来，尤其还要将支持其心智模型的经验、知识、思维方式以及观念等诱发出来，让学生（不仅仅是教师）意识到自己的已有认知中哪些是可靠的，哪些是需要重新考量的，所存在的关键问题是什么。

那么，在怎样的物理情境下探究建构性问题，以及如何深入探讨建构性问题，才能更加有效地实现上述目标呢？

我们知道，学生在学习新的物理知识之前，其相关心智模型的形成主要源自自己对身边物理现象的观察和思考，尽管文化传递也起到重要作用，但其中最为稳固的总是那些与自己的观察相符的心智模型。因此，具有良好诱发作用的物理情境应该是学生在日常生活中熟悉的没有被简化处理的原始物理问题，这种情境能唤起学生对熟悉的物理现象的再现。另外，“诱导探究”的物理情境应该是定性或半定量的，一方面是因为学生的生活观察主要是定性的，另一方面则是因为定量的情境容易被转化为数学问题而削弱对物理内涵的考察。例如，由单摆现象诱导关于机械能守恒的探究，不宜只观察摆高基本不变阶段的摆动（试图用以实证机械能守恒），还应该观察摆高渐低的摆动（以便对真实情境做出解释）。又如，诱导加速度概念的探究，不宜直接给出几组初、末速度及变化时间的数值让学生建立对“速度变化快慢不同”的理解。

诱导探究中对建构性问题的探讨主要是让学生在渐次深入的观察基础上用多种表征方式对有关物理现象以及对现象的理解进行描述，并力争让学生联系更多的真实情境对所做描述进行表达和辩护。要求对物理现象进行描述是因为学生的观察具有建构性，他们看到或听到的现象常常含有主观成分，而所做描述能显现他们对所探究的物理对象、状态及过程的心智模型；要求对有关现象的物理内涵的理解进行描述是因为由现象得出结论具有更强的建构性，而所做描述能显现他们关于所探究的物理对象、状态、过程的属性或联系的心智模型，即有关新知识的心智模型；要求对所做描述的缘由进行表达和辩护是因为学生心智模型的建立应有其溯因推理过程，而所做描述可以帮助我们发现学生形成心智模型的深层原因，尤其是那些形成不当模型的经验、知识、思维方式以及观念等方面的原因。

诱导探究让学生先行描述和解释相关现象并做溯因分析，目的是显现他们的心智模型及已有认知，聚焦关键问题。由于物理学习的建构性，学生做出不当的描述、解释及辩护是十分正常的现象。事实上，这种现象能更显著地暴露学生存在的问题，因而是展开生成性探究的十分有价值的资源。可见，诱导探究是通过建构性问题及溯因式问题来诱导学生暴露其深层问题，引发深度思考，通过深度思考促进心智模型的初步转换。其中的溯因分析可以诱发学生引入某种理论、观念以及其他观察事实作为论据，进行可能的推断，发现冲突，进而重新构想，转换出一个有待进一步检验的心智模型。

我们可以用图 4–4 来表示诱导探究过程：

图 4–4　“诱导探究”示意图

诱导探究将学生先前的学习和体验纳入课堂探究，增加了课堂探究的情境性、复杂性和生成性。通过诱发学生的已有认知，有助于教师将学生解决焦点问题的关键和难点逐步突显出来，为下一步有针对性地进行更深入的探究奠定基础。

（3）焦点突破

焦点突破是针对诱导探究所聚焦的更为具体的关键和难点，参照物理学发展史中的研究案例和后人不断改进的研究案例，再次创设典型物理情境，以更有力的数据和逻辑推理，对关键和难点进行突破，形成对探究内容的科学表征，促进学生的心智模型向科学模型的转换。这一操作对应的学生心理过程即课堂情境下学生物理探究的认知发展模型中“突破性实验观测与数据解释”或“理论推导与意义解释”以及“心智模型 M_i 之反思与调整 M_j”环节。

诱导探究主要是基于日常观察和日常思维、准实验观察和准科学思维进行的。通过诱导探究，通常只能使开放性焦点问题得到部分解决，只能使心智模型得到有限的转换，而要突破问题的关键和难点，使心智模型更趋近于科学模型，就需要超越日常思维和准科学思维，运用科学研究方法，展开进一步的实验探究或理论探究。在这一要素中，我们需要对物理学发展过程中和后人不断改进的研究案例予以高度关注和必要参照。图 4–5 是焦点突破的示意图：

图 4–5　“焦点突破”示意图

突破焦点问题的实验探究或理论探究显然是必要的，也是重要的，但应在问题定位和诱导探究基础上，在学生的已有经验基础上加以展开，同时也要尽力将归纳式思考转换为建构式思考，这样才能更好地体现科学探究及认知建构的复杂性和非线性特征，使科学探究同学生的日常观察与思考相连接，避免科学探究的简单化和形式化，这也有利于学生体验更接近真实的科学探究。

（4）知识表征与研讨

知识表征是基于前面的探究结论建立新知识，并以语言、图形、图像、数学公式等不同形式科学地表征新知识，明确科学模型；知识研讨是对新知识（科学模型）的物理内涵及应用范围、条件等加以研讨和拓展，对知识形成（模型建构）的科学探究过程进行反思。这一操作对应的学生心理过程即课堂情境下学生物理探究的认知发展模型中"心智模型 M_j 向科学模型 M_s 转换"环节的前一部分。

首先，在得出探究结论之后，我们应鼓励和引导学生运用不同表征方式对新知识加以描述，并形成对新知识的科学表征。这样做的目的是为了让学生通过科学探究获得明确的认识成果。

其次，对新概念、新规律的物理内涵等进行研讨主要是让学生对新知识的各种表征形式的物理意义进行分析和解释。我们知道，基于有限情境的研究而建立的概念或规律总是具有超越这些具体情境的意义。这是因为，概念的建立、规律的得出都不是"严密的"逻辑过程，而是基于观察事实的建构过程，不可避免地包含着主观创造的因素。比如，将加速度定义为 $a=\Delta v/\Delta t$ 并不是逻辑的必然，而是基于"物体运动速度变化快慢会有所不同"这一观察事实而选择的一个比值定义的概念模型。我们在几个具体事例基础上建立定义式 $a=\Delta v/\Delta t$ 时，目的是用它来描述所观察到的"物体运动速度变化快慢"这一属性。那么，$a=\Delta v/\Delta t$ 能合理地描述各种情境下的这一属性吗？讨论可知，它只适于恒量运动速度变化的平均快慢程度，要想描述某时刻速度的变化快慢，就要让 Δt 趋于零。另外，一开始我们并没有涉及其中的方向问题，但是由数学形式 $a=\Delta v/\Delta t$ 表征加速度，它所描述的就不单单是数量关系，还有方向关系。那么，这种超越个别情境信息的关系该怎么解释？是否也能够适应各种情境？从数量和方向两方面理解"运动速度变化快慢"在各种情境下能协调一致吗？对中学生来讲，要深刻理解加速度概念，这些问题都是值得研讨的，而且这样的研讨也是科学探究所不可缺少的。

最后，对探究过程的反思不仅是要引导学生对具体的探究环节、方法、结果及结论的合理性、准确性等进行反省，更要引导学生从宏观上体验科学探究的本质和科学知识的本质。

知识表征与研讨可由图 4-6 表示：

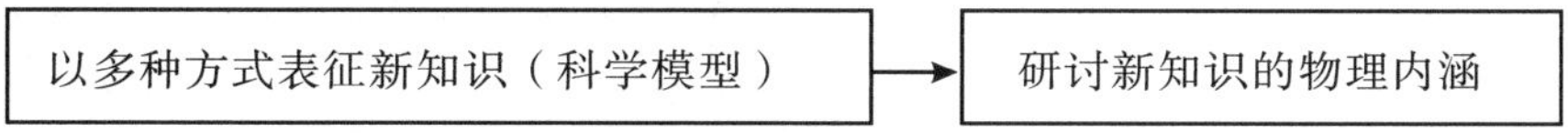

图 4-6　“知识表征与研讨”示意图

知识表征与研讨，可能先表征后研讨，也可能先研讨后表征，或者相互交叉。

（5）应用整合

应用是指引导学生将新知识（科学模型）应用于不同的情境中，通过解决各种物理问题，使学到的新知识得到巩固和活化，并体验和掌握问题解决的方法与策略；整合是指引导学生在运用知识进行问题解决的基础上，将新知识与相关知识加以整合，即建立知识单元中的科学模型之间的联系，形成合理的知识结构。这一操作对应的学生心理过程即课堂情境下学生物理探究的认知发展模型中“心智模型 M_j 向科学模型 M_s 转换”环节的后一部分。

应用整合可由图 4-7 表示：

图 4-7　“应用整合”示意图

应用整合也是大家熟悉的物理教学要素与环节，所以也不再论述。

通过以上论述，我们可以将各要素的示意图连接起来，对“促进认知发展的探究教学模型”的进程做整体的图形表示（如图 4-8）。

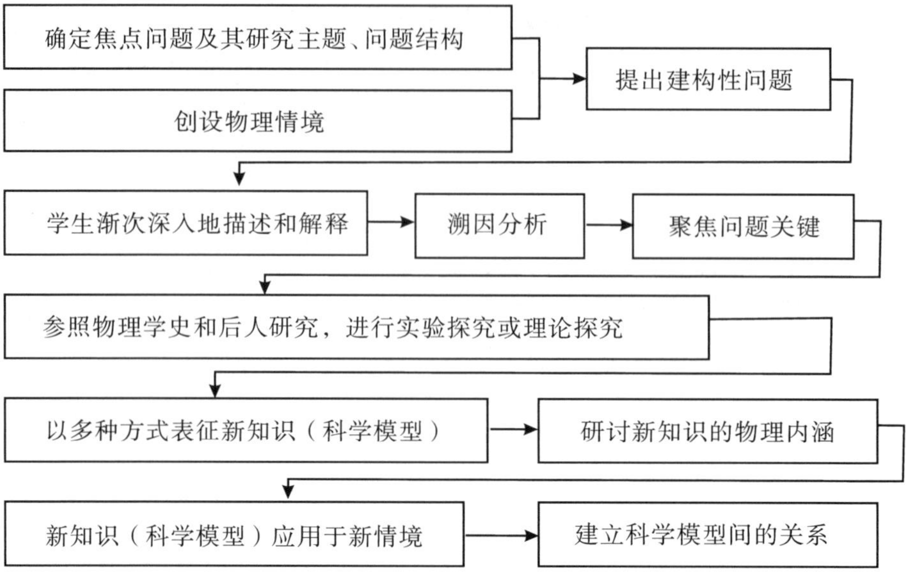

图 4-8 “促进认知发展的探究教学模型”进程图

2. 模型的结构特征

“促进认知发展的探究教学模型”的结构特征有以下几个方面：

第一，将“师生群体”视为探究教学的活动主体（见图 4-1）。

任何教学活动都包含教和学两个方面，尽管学生是教学过程中的认知主体，但是他们在课堂上的认知活动是受教师的引导、组织和调控的。从我们对“促进认知发展的探究教学模型”的五个要素的论述来看，让学生经历一个适度复杂的、非线性的科学探究过程，使其更加有效地进行意义建构，不能寄希望于学生的自发行为，而是要靠教师的精心设计和灵活应变。比如，在促进认知发展的探究教学的设计与实施中，如何创设一个能诱发学生已有认识的适度复杂的物理情境，如何由学生的描述、解释及溯因分析判断其心智模型及其认知基础，如何根据学生实际存在的问题展开生成性的探究，等等，都有赖于教师的教学理念，有赖于教师对物理学科及其本质、学生物理学习的认知建构特征的理解，有赖于教师的教学实践能力。显然，在“促进认知发展的探究教学模型”中，教师的工作更加复杂，教师的主导地位显得更加突出。

我国的教学理论（王策三，1985）认为，“教学是个体认识，不同于人类历史总认识”。但是，就学生作为学习主体而言，他们在课堂中的学习也不宜看作是纯粹的个体认识。因为，知识的形成除了个体知识的建构和社会知识的建构外，还有“人际间知识的建构”（斯特弗 等，2002）[301]。课堂中，学生学习的知识内容是社会建构知识，而其学习过程并不是完全自主的，它不仅要受到教师的引导，还要受到同伴之间的相互激励、相互质疑、相互印证。因此我们认为，课堂中的探究过程应该是一个群体建构过程。为此，我们要重视课堂探究过程中师生之间、学生之间的表达、交流、倾听、辩论。建立群体建构的课堂探究氛围对激发学生的学习情趣与潜能，培养学生良好的学习习惯与方式，加深学生对知识的理解，促进学生对物理学本质的体验都是极有意义的。

第二，对于某一知识主题的探究教学，模型中的五个要素依次构成教学过程的五个环节，如图 4-9 所示。

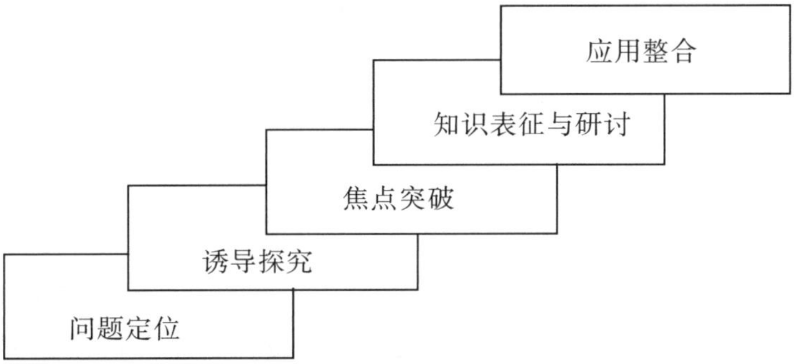

图 4-9 “促进认知发展的探究教学模型”示意图

按照“促进认知发展的探究教学模型”，围绕某一知识主题的教学过程开始于问题定位，然后依次是诱导探究、焦点突破、知识表征与研讨、应用整合。但是，这五个环节不是截然分开的，环节之间可以出现交叉甚至反复。比如，诱导探究要参照问题定位，二者之间会相互交叉，诱导探究可能生成多个难点问题，要突破各个难点，就会与焦点突破有多次的交叉反复，等等，表现出模型的宏观有序、微观生成的特征。

第三，五个要素构成的探究教学模型的构想，参照了传统教学的课堂结构模式和科学探究“七要素”模式，其主要变化在于关注问题定位，并尤其强调诱导探究要素，试图让课堂探究表现出科学探究的复杂性与非线性特征，表现出物理学知识和物理学习的建构本质。在模型中，问题定位连接着理论层面的问题结构和事实层面的物理情境；诱导探究利用建构性问题并借助多元的表征方式来显现学生的心智模型，又通过溯因分析，促使学生将自己的心智模型与以往的经验事实及已有认识反复联系，逐步转换；焦点突破通过实验探究或理论探究支持心智模型向科学模型的转换；知识表征与研讨包含着对新知识（科学模型）与相关情境之间相互关联的反思；应用整合再次使新知识与新情境相联系，使新知识与相关知识相联系。这样，学生新知识的学习可以经历反复多次的事实与认识的比照，经历反复多次的“假设—检验”，从而增强了科学探究的复杂性和非线性特征，增强了新知识学习（模型转换）的意义建构特征。同时，诱导探究主张让学生在焦点突破的实证之前更多地显现其基于日常观察和先前学习的已有认知，并力争发现其心智模型存在的问题以及导致这些问题的深层原因，再通过对现象的进一步展示与分析讨论逐步转变其心智模型，而不是直接利用典型现象去实证所需的结论进而用事实和逻辑迫使学生去承认这些结论。

3. 模型的适用性

“促进认知发展的探究教学模型”较其他探究教学模式的主要变化在于问题定位和诱导探究两个环节的操作，尤其强调诱导探究环节有层次的、渐次深入的日常观察和准实验观察。因此，这一模型较适宜于课堂情境下的物理探究教学，而且比较适宜于复杂概念和规律的探究教学，尤其适宜于以实验为基础建立物理概念、物理规律的探究教学。

我们认为，在通常的实验归纳式探究过程中加入诱导探究的设想对初中和高中的较复杂的概念和规律的探究教学设计都具有良好的适应性，具体实例可参阅本书第六章“基于‘促进认知发展的探究教学模型’的教学设计案例”。

第三节　“促进认知发展的探究教学模型”的教学策略

根据构建模型的理论基础以及先前的教学实践考察，我们提出中学物理课堂中促进认知发展的探究教学的实施策略。

一、问题定位的策略

问题定位的一般策略是先参照物理理论体系和教材编写体系，划分知识单元及其层次结构，比如高中力学的层次结构可以用图 4-10 表示（其中仅对运动学部分再做详细划分）；再参照知识的层次结构，确定各级研究主题及问题结构，也就是将知识结构转化为问题结构，如力学的研究主题是描述和解释物体的机械运动，这一主题又分为三个次级主题——如何描述物体的机械运动（运动学）、如何解释物体的机械运动（动力学）、如何解释物体的平衡（静力学），其中物体运动的描述又可以分为三个方面的问题——如何描述研究对象、如何描述物体的运动性质、如何描述物体的运动形式及其规律，等等；最后定位核心知识的焦点问题，如“加速度”教学的焦点问题定位于运动学中对物体运动性质的描述，具体为“如何描述物体运动速度变化快慢的性质？”。

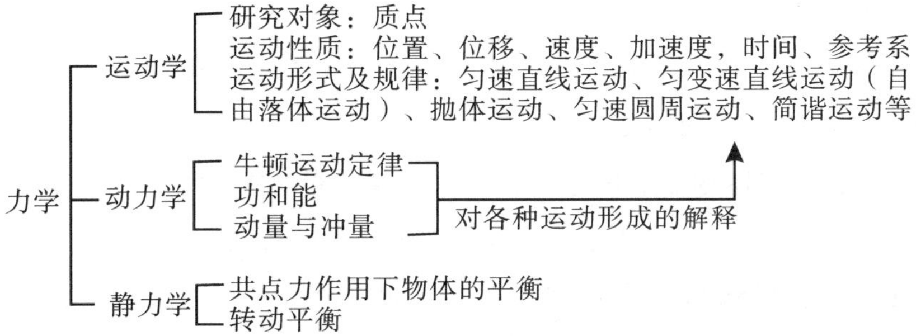

图 4-10　高中力学知识结构图

在课堂探究教学中，教师引导学生对新知识的焦点问题进行定位和导入，宜采用启发性陈述与情境创设相结合的策略。启发性陈述主要是对研究主题及问题结构的分析讨论，提出开放性的焦点问题，如针对“加速度”概念的探究，应提出“物体的运动除了有速度快慢等性质，还有其他性质吗？”，而不是“物体运动速度的变化快慢相同吗？”。基于知识结构及问题结构的导入对学生来讲是比较抽象的，因此还要创设物理情境，引出一个具体情境的例子，提出建构性问题。

情境的创设是为了引发学生的思考，因此要有一定的复杂程度，并且以引发定性或半定量的探讨为宜。如果情境现象是可以实现的，应力争通过随堂实验或演示实验让学生进行现场观察；如果不能现场演示，可以通过视频播放让学生进行观察；如果实在没有上述条件，再用语言陈述和图示进行描述。有时，我们也可以创设一种理想化的物理情境，但要求这种情境能引起学生对熟悉的观察实例的再现，如绝对光滑、不受重力作用等理想情况下可能发生什么物理现象等。

二、诱导探究的策略

诱导探究的教学任务是通过适度复杂的物理情境下的建构性问题，引导学生对开放性的焦点问题（即针对新知识的表征对象及内容）进行定性的、经验性的探讨，进而聚焦问题的关键和难点。

为使学生暴露其潜在的已有认知，对建构性问题的探究除了采用通常所见的“观察—描述—解释—辩护”外，还可更多地采用“预测—观察—描述—解释—辩护”“预测—解释—辩护—观察—再解释”等不同方法。其中，“预测”是让学生在观察之前对物理现象的可能情形做出推测。对于理想化情境，可采用“预测—解释—辩护”的方式。

引导学生对情境现象进行描述和解释时，可以采用动作性、映像性、符号性等多种方式的表征策略。学生的前概念大多是一些模糊的认识，有时用语言难以陈述或者陈述不便，于是我们可以让学生通过动作、图形、图像等方式来“表达”自己的认识。比如，创设这样一个情境：给定一节电池、一段导线和一个小灯泡，如何能使小灯泡发光？为了借此引发学生对电路的已有认识，我们可以让学生进行实际操作，这就是动作性表征策略；也可以让学生画实体示意图，这是映像性表征策略；还可以让学生画电路图，这是符号性表征策略。运用多种表征策略，要求教师能从学生的动作、图形、语言中敏捷地捕捉到有价值的信息，引出溯因式问题，进而对学生的已有认知做出合理的判断，使探究逐步深入下去。

这一阶段的探究宜从日常观察入手，再过渡到准实验观察，其中安排多少次现象观察，要看探究内容的重要性及其抽象、复杂程度。

三、焦点突破的策略

焦点突破的策略主要有历史重演策略和后人改进的实验研究与理论论证策略，即参照物理学发展史中的真实研究方法和后人改进的典型研究方法，对诱导探究环节所聚焦出来的具体的焦点问题进行进一步研究。其中，实验研究策略是以实验方法展开研究，理论论证策略是基于已有理论进行逻辑推证。有些知识的探究教学可以结合两种方法进行。

需要注意的是，焦点突破与诱导探究要协调一致，自然契合。一般来讲，诱导探究着重于调动学生基于已有经验、已有认知来研究问题，焦点突破着重于引导学生借鉴典型方法来研究问题。

四、知识表征与研讨的策略

关于知识表征与研讨，传统教学中已较为常见，但以教师讲授、说明为多。在“促进认知发展的探究教学模型”中，这一环节要采用师生共同探讨的策略，也就是要将知识表征和研讨看作科学探究的必要环节，对新知识的表征形式及其适当性、条件、应用范围等拓展性问题进行适时的、有选择的讨论。所谓适时和选择，指的是不必一次讨论所有拓展性问题，有些问题可以在后续课程中逐步讨论。

五、应用整合的策略

由于物理课堂中探究教学需要更多时间，因此应用整合往往要延伸到习题教学及复习教学。

在知识应用方面，对于概念辨析、套用公式一类问题的解决，我们不做赘述，这里主要讨论具有适度灵活性的问题的解决。

所谓灵活性问题，指那些不能仅仅靠记忆知识结论、简单套用公式就能解决，而是必须让学生对问题中的物理情境进行描述、分析，选择模型、方法，进行推理、判断，然后才能解决的问题。

这类问题的解决过程其实也是一个探究过程。这是因为，解决这类问题，首先需要学生搞清楚问题中的研究对象、物理状态与过程、相关变量和数据等，这与我们在建立新知识时研究某个物理现象是一样的，所不同的是，在此基础上，我们可以选择一些已经建立的模型来解决问题。由此可见，应用整合环节中需要激励学生完成的核心任务是：（1）探究问题中的物理情境，将研究对象、状态、过程及相关变量和数据图示出来；（2）对物理情境进行分析，确定相关的物理模型；（3）由物理模型建立关系式，并做可解性分析；（4）进行逻辑推断和求解；（5）对解决问题的策略进行反思。

在知识整合方面，除了通常所用的方法外，我们建议将知识结构与问题结构相关联，以突出单元知识中各科学模型在共同的研究主题的探究中的功能联系。

最后，我们以表格的形式，对“促进认知发展的探究教学模型”的要素进行进一步描述，对各环节的教学策略做简要总结。

表4–7 “促进认知发展的探究教学模型”的要素与策略

要素与结构	要素描述	策略
问题定位	教师要先明确焦点问题及其在研究主题与问题结构中的位置；创设物理情境，为学生引导出开放性焦点问题	由知识结构生成问题结构；启发性陈述与情境创设结合；由复杂情境提出建构性问题
诱导探究	由建构性问题引导学生渐次深入地描述和解释现象，诱发其已有认知，激励其反思与检讨，聚焦具体的焦点问题	“观察—描述—解释—辩护”“预测—观察—描述—解释—辩护”“预测—解释—辩护—观察—再解释”“预测—解释—辩护”等策略；多方式表征策略
焦点突破	运用科学方法，对焦点问题进行实验探究或理论探究	历史重演策略；实验研究策略；理论论证策略
知识表征与研讨	表征新知识（科学模型），研讨物理内涵，反思探究过程	多方式表征策略；师生研讨策略
应用整合	将新知识（科学模型）应用于新的情境，整合单元知识中各知识点之间的联系	物理问题的情境分析、图示、建模策略；知识结构与问题结构关联策略

第五章 “促进认知发展的探究教学模型”实践研究

“促进认知发展的探究教学模型”是否适用于中学物理课堂教学，是需要在教学实践中实施和检验的。为此，我们将所做的实践研究在本章中进行介绍。

第一节　实践研究的设计

我们对“促进认知发展的探究教学模型”进行实践研究，是按照该模型设计和实施课堂探究教学，然后从三个方面进行初步考查：(1)实验教师在实施教学时执行教学设计的程度；(2)一个阶段的教学效果；(3)某节课的课堂教学效果。

具体的研究设计是：

(1)“促进认知发展的探究教学模型”的教学实施分析

研究方法：录像分析方法，即将实验班的教学摄录下来，然后将课堂教学过程中的师生活动转换成文本形式（参见附录3)，再进行逐段分析。

(2)“促进认知发展的探究教学模型”的阶段教学效果考查

研究方法：现场实验法，即选择平行的自然班作为实验班和对照班，在一段时期内，由实验教师对实验班实施新模型的探究教学，由另一位与实验教师资历相似的教师对对照班实施常规的教学；在阶段教学之前和之后安排测试，对实验班和对照班的测试分数进行比较，考查新模型在某教学阶段的教学效果。

(3)“促进认知发展的探究教学模型”的课堂教学效果考查

研究方法：现场实验法，即选择平行的自然班作为实验班和对照班，再选定某一节课，由实验教师对实验班实施新模型的探究教学，由另一位与实验教师资历相似的教师对对照班实施常规的教学；设计两份测试卷，同时对实验班和对照班进行前测和后测，通过测试分数的比较，考查新模型的当堂教学效果。

第二节　实践研究的实施

我们从2008年秋季开始，在内蒙古一所普通高中一年级进行了一个半学期的教学实验。该校高一年级总共十四个班，第一学期将十四个班平行地分为两个组，每个组七个班，各有一个“快班”，六个“普通班”，每个班的人数都在40至60人之间，常有微小变动。实验教师带一个“快班”，两个“普通班”。实验班是实验教师所带的三个班级，“快班”对照班在另一个组，任课教师与实验教师同等学力但教龄更长，是该校多年的把关教师；“普通班”对照班在同一个组，由两位与实验教师同等学力同样教龄的教师任课。第二学期学校文理分班，理科班共八个，平行分为两组，各一个“快班”，三个“普通班”。实验教师所带“快班”是原班级，人员有个别调整，“快班”对照班是另一组的“快班”，人员做了大的调整（将该组理科成绩好的都调至“快班”），任课教师更换为一位与实验教师同等学力但教龄较长的教师；实验教师所在“普通班”是该组分班调整后由原来的“普通班”选学理科的学生平行分出的三个班中的一个，另两个班作为对照班，任课教师是原来两位中教学效果较好的一位。

在考查“促进认知发展的探究教学模型”的教学效果之前，我们首先需要对该模型的实际应用做初步的分析，看看实现教学设计的程度如何，存在哪些问题。

为此，我们选择教学实验中的一个教学案例作为重点，再参照其他教学实施后做出分析。基本方法是，先根据教学录像将课堂上的教学进程及师生对话转成文本材料，再依据“促进认知发展的探究教学模型”的核心思想和各环节的操作要求对文本描述的教学进程进行考查。

1. 教学内容选择及备课建议

我们选择的课例是“机械能守恒定律”一节。其中的序号表示师生对话的次序。

教学实验中课堂教学的设计是先由研究者提出备课建议，然后由实验教师自己参考备课建议设计并实施课堂教学。备课建议如下：

第六节 机械能守恒定律

焦点问题： 物体的机械能的不同形式可以相互转化吗？在相互转化过程中有什么规律？这些规律成立的条件是什么？

问题定位： 我们前面给出了动能和势能的定义式，还推导出了动能定理、重力势能与重力做功的关系。物体往往同时具有动能和重力势能。那么，物体的机械能会在怎样的特定条件下表现出新的规律？

诱导探究：

观察讨论1：教材上的摆球实验现象。

提问：看到了什么（向下时速度增加，向上时速度减小；似乎总摆到等高的地方）？你如何解释（动能与势能可以相互转化，“转化”是什么意思？现象中似乎机械能守恒，“守恒”是什么意思？）。

让学生观察稍长时间，提问：总摆到等高处吗？机械能还守恒吗？想要总摆到等高处，可能需要什么条件？

观察讨论2：小球在斜面上由静止滚下的运动中的能量关系。

问题：过程中小球的机械能发生转化吗？守恒吗？

聚焦问题：机械能守恒的条件？（是什么）

焦点突破： 物体的动能和势能是可以相互转化的，那么，在什么条件下才能守恒？有兴趣的同学可以课后用动能定理和重力势能与重力（或弹力）做功的关系进行推导。此处，我们在下面三种情形下进行推证，以找出机械能守恒的条件。

情形1：落体运动中，物体的机械能是否守恒？（见教材）

情形2：见图5-1。

质量为 m 的小球由高度为 h_1 的 A 点以初速度 v_1 沿光滑斜面滚下，到达高度为 h_2 的 B 点，速度为 v_2。

问：请推导，小球的机械能是否守恒？

情形3：情形2中的斜面不光滑，推证物体的机械能是否守恒？

提问：比较三种情形，你认为机械能守恒的条件是什么？推广到更一般的情况，应该如何？

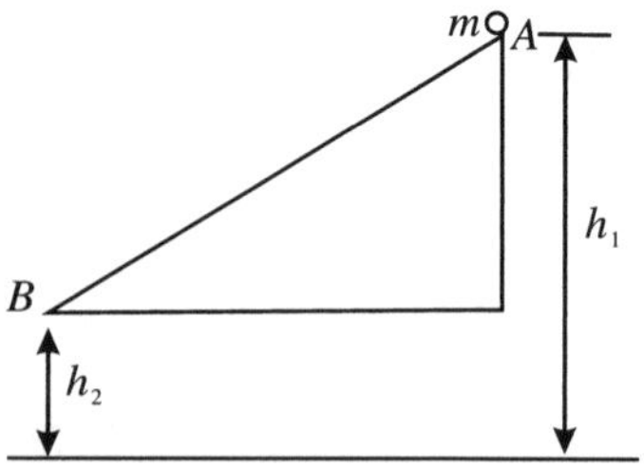

图 5-1

知识表征：

讨论：只有重力做功的含义；

推广到动能与弹性势能转化的情况；

机械能守恒的条件、公式。

拓展研讨：

讨论：为什么机械能守恒要求除了重力、弹力之外，其他力不做功（或所做功的代数和为零）？（可在后续课进行）

应用整合：看时间安排。

其中“焦点突破”的设计参照了教材中的方式。

2. 教学实施分析

下面分阶段对教学实录进行分析。

（1）“问题定位”环节分析

教学实录：

（A）课的开始（0—1′ 40″）

1. 师：上课。好了，咱们这节课上新课。前面我们学习了动能定理、重力势能和重力做功的关系，由动能定理我们得出，动能的变化量等于（什么）？

生：合功。

2. 师：取决于什么？取决于合功。根据重力势能与重力做功的关系，我们得出重力势能的变化取决于（什么）？

生：重力所做的功。

3. 师：我们又学习了机械能。机械能包括几种形式?

生：三种。

4. 师：哪三种?

生：动能、重力势能和弹性势能。

师：我们说，动能的变化与合功有关，重力势能的变化与重力做功有关。那么，机械能，它（的变化）是否也有新的规律?

教师采用备课建议的“问题定位”教学设计来实施教学，基本达到了设计要求。但是，引出问题的对话4中，教师将备课建议中的问题“物体的机械能会在怎样的特定条件下表现出新的规律”表述成“机械能的变化是否有新的规律”，问题的问法由开放形式变成了“是不是”的问法。事实上，在与实验教师的交流中，他认为“焦点问题”的把握以及如何进行问题定位与问题引出，往往不是一件容易的事情，使开始引入的焦点问题具有开放性也较为困难，而这一点对于教学的组织却是很重要的。

（2）“诱导探究”环节分析

教学实录：

（B）诱导探究（1′ 41″—11′ 27″）

5. 师：大家先看一个简单的实验装置（注：单摆）。铁架台，上面挂了一个小球。大家看，我把这个小球拉起来，释放，大家预测一下这个小球再摆回来的高度（有多高）？

生：没有现在高。

师：没有现在高？

生：没有。

6. 师：（请一位学生 A 上讲台，让其鼻尖置于小球拉起后的释放点。学生第一次躲避，第二次，小球摆回后接近该生的鼻尖。）

7. 师：砸着没有？（示意学生坐回原位）大家都看到，砸着鼻子没有？

生：没有。

师：释放的时候是否就从鼻子这个高度（出发）？回来的时候，大家能观察到，前两次已经几乎挨住了。那么，我们预测（看到）的是这个小球在开始时基本上能回到原来的高度。

8. 师：接下来我们再看，这是一块板，板上有一条线。为什么要画这条线？

生：观察。

9. 师：现在我拿起来，大家观察这个小球是否达到这条线的高度。好，大家观察小球的运动。（释放小球，摆动六七次后，用手接住。）

10. 师：张波？

生 B：高度不会超过（原释放点）。

11. 师：不会超过，还观察到了什么？小球的速度，是不是越来越小？（生 B 无应答）那么，你认为不会超过（原释放点），为什么？

生B：刚开始时动能为零，重力势能（刚开始不为零），要转化，转化为动能。

12. 师：哪个过程重力势能转化为动能？

生B：下降时。

13. 师：下降的时候，速度怎么变化？

生B：增大。

14. 师：速度增大呗。重力势能，你说它转化，为啥呀？继续分析。

生B：然后要上升，动能转化为势能。

15. 师：往高处摆的时候，动能要转化为重力势能。

生：速度要减小。

16. 师：速度要减小。你说它不会超过原来的高度，也就是不会超过蓝线的高度，你是怎么理解的？你现在说了，整个过程中动能与势能相互转化。

生B：重力势能转化为动能的时候，重力势能减少了，动能增加了。

17. 师：动能增加了。

生B：然后动能转化成势能……（下面听不清）

18. 师：最终是个啥状态？重力势能增加，动能减小，这里似乎有些……你感觉机械能在（怎么样）？

生B：机械能守恒。

师：机械能守恒。好，坐。

19. 师：通过刚才的分析，大家……喔，再来看这个（演示上次实验），大家一定要观察小球的运动，观察什么？首先要看它速度的变化（操作实验），（小球）在蓝线这个高度吗？达到蓝线高度了吗？（释放小球，小球摆动）按张波的分析，小球一开始从高往低，速度要（怎么样）？

生：增加。

师：势能转化为（什么）？

生：动能。

师：然后呢？

生：动能转化为重力势能。

20. 师：那么，一开始的时候，它是不是能摆到相同的高度呀？为什么能摆到相同高度？

生：（议论）

21. 师：是不是有什么思想在里头？

生：守恒。

22. 师：那么大家想想，如果我让它无限制地摆下去……

生：（议论）

师：就是这种实际情况，让它无限制地摆下去（再次演示），大家观察它是否能达到原来的高度？（摆动较长时间）能达到吗？

生：不能。

23. 师：达不到，说明啥呀？

生：（议论）

师：达不到，说明机械能（怎么样）？

生：不守恒。

24. 师：再看，让小球沿斜劈向下滚，再观察小球的运动（演示实验）。观察到小球的运动（状态如何变化）？

生：越来越快。

25. 师：机械能守恒不守恒？

生：不守恒（议论）。

师：为啥不守恒？

生：有摩擦。

26. 师：如果木板光滑呢？

生：守恒。

27. 师：当然，这些得具体去探讨。比如，有摩擦不守恒，没有摩擦就守恒了。也就是说，不是在任何情况下机械能都是守恒的，机械能守恒需要一定的条件。那么，到底机械能守恒的条件是什么？

教师采纳了备课建议，组织学生对两个现象进行了定性的“诱导探究”。总体上讲，这一环节能够组织学生对两个现象进行较为开放的探究，让学生对他们的预测、观察、解释进行了一些表达，并恰当地引出了焦点问题，具有一定的积极效应。

但是，在我们的教学模型中，“诱导探究”的目标并不在于得出确定的结论（应该说是得出一些猜测性的、有待进一步检验的结论），而是引发学生的原有认知，对现象做出分析，形成解释，再经过讨论检验自己的解释，聚焦问题的关键——具体的焦点问题。实际教学中存在的问题有：

第一，教师代替学生描述现象。如对话 7 中，教师代替学生描述摆球摆动的现象。

第二，在分析解释现象时，教师有时引导过细，一些问题的开放度不够。如，对话 11~15，教师提示学生由速度变化判断动能变化。

第三，教师激发学生的建构性思考并激发学生认知冲突方面的意识不强。如，对话 16~23，教师引导学生从单摆的现象中得出“开始阶段机械能守恒，经过一段时间后机械能不守恒”的不当结论；对话 24~27，从小球沿斜劈下滑现象得出“有摩擦时机械能守恒，无摩擦时机械能不守恒”的结论，没有强调这只是对现象的猜测性解释，也没有将所谓“守恒”与“不守恒”两种情况进行对比，由此进一步激发学生的认知冲突，突出焦点问题。这也在一定程度上反映出，教师的教学还是有线性实验归纳的倾向。

第四，对斜劈实验的研究没有进行必要的数据测量，只是简单地将小球解释为质点在斜劈上受或者不受摩擦力的运动，对机械能转换的探讨不够深入，难以更好地实现预期的目标。

可见，教师在总体上能执行教学设计的步骤，但在一些细节上还是容易受原有教学方式的影响。另外，在课后的交流中，实验教师认为，自己还不能很快地从学生的表达中发现那些重要的、关键的问题，因此也就不能及时地生成新的问题来组织进一步的讨论。这一现象反映出，教学中教师对学生的认识与思维的现场把握比较困难，教师还是把主要关注点放在了结论的得出上面。

（3）“焦点突破”环节

教学实录：

（C）焦点突破（11′ 28″—30′ 45″）

28. 师：在物理学中，研究这种（问题）应有两种方法，第一种是通过理论来推断，第二种是通过实验去验证（作者注：应为“探索”）。咱们这节课就先用理论去推证机械能守恒的条件。咱们通过三种情况，或者说三种情景推证出机械能守恒的条件。大家把本子拿出来，进行推证。

情景1：自由落体。（画示意图）

29. 师：自由落体，忽略掉（什么）？

生：空气阻力。

师：只受（什么力）？

生：重力。

30. 师：我要验证（作者注：口误，应为“推证”，后面有多处），自由落体（运动）中，（物体）机械能守恒不守恒。这是它的初始位置。为了“验证”机械能守恒，我在中间任意找两点（作图），假设这是 A 位置，这是 B 位置；它（A）到地面的位置为 h_1，它（B）到地面的位置为 h_2。假设它（小球）在 A 的速度为 v_1，在 B 的速度为 v_2，质量是 m。那么，我们要“验证”自由落体机械能是否守恒，大家思考这么一个问题——我们“验证”出什么就能说明它（小球的机械能）守恒？

生：（议论）

31. 师：用什么方式？只要“验证”出这个，我就能知道机械能是否守恒。（指示一位学生）你来说。

生C：重力势能的变化量等于动能的变化量。

32. 师：来，具体表述一下，重力势能怎么变？

生C：重力势能减少，重力做正功。

33. 师：你要“验证”，是否要得出一个定量式子来？

生：$mg(h_1-h_2)=(1/2)m(v_2^2-v_1^2)$

34. 师：如果（式子两侧）不相等呢？

生：就不守恒。

师：如果相等呢？

生：守恒。

35. 师：还有什么想法吗？（等待片刻）我们是否要“验证”自由落体的机械能是否守恒？这么办行不行？现在能不能算出 A 点的机械能？

生：能。

师：机械能等于啥？

生：重力势能加动能。

36. 师：既然能算出 A 点的，还能算出啥？

生：B 点的。

37. 师：然后呢？比较它俩，如果相等（会怎么样）？

生：机械能守恒。

师：不相等？

生：不守恒。

师：这是第二种方法。

38. 师：那么，A 点的机械能应该是（多少）？先得规定什么？

生：零势能面。

39. 师：规定这儿（最低点）为零势能面，则 $E_A=mgh_1+(1/2)mv_1^2$，$E_B=mgh_2+(1/2)mv_2^2$。如果它俩相等，说明什么？

生：机械能守恒。

师：如果不相等呢？

生：不守恒。

40. 师：好，大家现在开始具体做这个工作，去“验证”。你得通过什么来证明它到底相等不相等。根据咱们前面学过的知识……

生：（各自推证）

41. 师：（提示）这是什么运动？

生：自由落体。

师：自由落体运动的特点是啥？

生：只受重力。

师：只受重力。

（生：推证。师：巡视。）

42. 师：大家现在干啥呢？

生：“验证”。

43. 师：是否相等？要“验证”它是否相等，相等说明什么？不相等说明什么？（示意一位学生上讲台作答）

生 D：

解：$W_合=F_合\cdot s\cdot\cos\theta=mg\cdot(h_1-h_2)\cdot 1=mg(h_1-h_2)$；$W_合=E_k=(1/2)m(v_t^2-v_0^2)=(1/2)m(v_2^2-v_1^2)$（后 E_k 将改为 ΔE_k）。所以 $mg(h_1-h_2)=(1/2)m(v_2^2-v_1^2)$，机械能守恒。

44. 师：好。大家看，做得对不对？$W_合=F_合\cdot s\cdot\cos\theta$ 对不对？

生：对的。

45. 师：首先，她用什么来证明的？出发点是什么？

生：合力的功。

46. 师：不是。

生：动能定理。

47. 师：首先，干一件事，应该知道具体怎么去干，如果不知道……（后面听不清声音）首先，她用动能定理来证明。动能定理，你先得找合功。合功，我们说它只受啥（什么力）？

生：重力。

48. 师：合功就是重力做的功。重力做的功：从 A 到 B 重力做多少功？$mg(h_1-h_2)$ 对不？动能变化量呢？动能变化量 $\Delta E_k=(1/2)m(v_t^2-v_0^2)$，$v_t$ 是不是就是 v_2 呀，故 $\Delta E_k=(1/2)m(v_2^2-v_1^2)$，说明 $mg(h_1-h_2)$ 和 $(1/2)m(v_2^2-v_1^2)$ 是相等的。

49. 师：这个 $mg(h_1-h_2)$ 是什么东西呀？

生：重力做的功。

师：重力做的……正功还是负功？

生：正功。

师：也等于什么？还等于什么？

师、生：重力势能的减少量。

50. 师：这个 $(1/2)m(v_2^2-v_1^2)$ 呢？

生：动能的增加量。

51. 师：说明什么？

生：机械能守恒。

52. 师：是不是按这个[注：指 $mg(h_1-h_2)=(1/2)m(v_2^2-v_1^2)$]思想呀？这是转化的思想。这个（注：指 E_A 与 E_B）呢？来，大家看这儿。把这个[注：

指 $mg(h_1-h_2)=(1/2)m(v_2^2-v_1^2)$］给它写开了［板书：$mgh_1-mgh_2=(1/2)mv_2^2-(1/2)mv_1^2$］，移项 $mgh_1+(1/2)mv_1^2=mgh_2+(1/2)mv_2^2$，是不是这个（注：指 $E_A=E_B$）。（两个式子表示）两套思想，这个 $mgh_1-mgh_2=(1/2)mv_2^2-(1/2)mv_1^2$ 式子表示转化的思想——减少的重力势能等于增加的动能。用动能定理证明了机械能守恒。$E_A=E_B$ 是什么思想呢？把初、末状态的机械能给求出来，看它俩是否相等。

53. 师：这是情景 1。来，看情景 2。光滑的斜劈，小球 m 从斜劈的顶端从静止开始运动，斜劈的高度为 h，从这儿（顶端）滑到底端时小球的速度是 v。好了，大家“验证”，这个情景下，机械能是否守恒。

生：（各自推证）

54. 师：好了没？谁能尝试？第一种，什么思想，什么减少？

生：重力势能。

师：减少多少？

生：mgh。

55. 师：动能增加多少？

生：$(1/2)mv^2$。

56. 师：它俩相等不相等？为什么相等？

生：动能定理。

师：根据动能定理。

57. 师：做功的是什么力？

生：重力。

师：重力做功（是多少）？

生：mgh。

师：应该等于（什么）？

生：$(1/2)mv^2$。

58. 师：这是根据动能定理列出来的等式，mgh 恰恰是什么？

生：合功。

师：恰恰是重力势能的减少量。

59. 师：$(1/2)mv^2$ 呢？动能的增加量。还可以(用)第二种思想：这一点(A)

的机械能为 mgh，这儿（B）呢？$(1/2)mv^2$。$E_A=E_B$，也证明机械能守恒。

60. 师：来看情景 3。情景 3，我们在这儿（注：指情景 2 中的斜面）加个 μ（注：指斜面不光滑），机械能守恒吗？

生：不守恒。

师：证明，证明。

生：（各自推证）

61. 师：张 ××，守恒吗？

生 E：不守恒。

62. 师：为什么？

生 E：因为它……小球的合功是 $mgh-\mu mg\cos\theta h/\sin\theta$。

63. 师：合功是多少？

生：$mgh-\mu mg\cos\theta h/\sin\theta$，合功应等于动能变化量 $(1/2)mv^2$。

64. 师：好，坐。机械能守恒吗？

生：不守恒。

65. 师：如果守恒，应该满足什么条件？

师、生：$mgh=(1/2)mv^2$。

66. 师：现在它俩相等不相等？mgh 要大于 $(1/2)mv^2$，说明这种情况下的机械能是不守恒的。好了，大家看上述情景，三种情况，几种守恒？

生：两种。

师：哪两种来着？

生：1、2。

师：第三种守恒不守恒？

生：不守恒。

67. 师：那么大家想，这个守恒条件（是什么）？大家能不能回答上来？来（示意一位学生）。

生 F：第一种守恒。

68. 师：我是让你总结，总结三种情况下机械能守恒的条件。

生 F：它们只受重力，并且……

69. 师：只受重力？

生 F：只有重力做功。

70. 师：“只受重力”对不对？

生：不对。

71. 师：第二种情况是不是只受重力？

生：不是。

师：但守不守恒？

生：守恒。

师：“只受重力”行不行？

生 F：只有重力做功。

师：好，请坐。

教师采用了备课建议的内容设计，即由三个具体情境的理论推导，得出机械能守恒条件，基本完成了“焦点突破”。在开始阶段（对话 30~34）能用开放性问题引导学生思考：推出怎样的关系才能表明机械能守恒。这是一个不错的表现。另外，让学生自己进行推导，也有利于学生主动性的发挥。

但这部分教学存在的主要问题是，教师在其他教学环节引导太多、太细，学生活动的开放度偏小。如，对话 35~39，教师启发过细；对话 49~59，教师讲评学生推导过程时，开放性问题偏少，给学生自己解释的机会不多。这反映出，教师还是倾向于消除探究过程中的困难，让学生顺利地获得新知识，而不是有意让学生做更多的主动尝试，暴露可能存在的问题，深入挖掘问题背后的原因，激发认知冲突，促进学生的认知建构。

（4）“知识表征与研讨”环节分析

教学实录：

（D）知识表征与拓展研讨（30′ 46″—38′ 05″）

72. 师：（板书：第 7 节 机械能守恒。1. 条件）来，同学们等一会儿。咱们通过这三种情况得到：只有重力做功，机械能守恒。我问大家这么个问题吧：机械能守恒，重力做功，里面是什么和什么发生转化呀？

生：重力势能和动能。

73. 师：重力势能和动能发生相互转化，总的量保持不变。机械能还包括一种能量（是什么）？

生：弹性势能。

74. 师：大家想一下，如果只有弹力做功，大家怎么理解？

生：（议论）

师：什么和什么转化？

生：弹性势能与动能。

75. 师：只有弹力做功，弹性势能与动能相互转化，总量不变。

76. 师：那么，如果只有重力和弹力做功呢？

生：势能……

77. 师：只有重力和弹力做功，机械能守不守恒？

生：守恒。

78. 师：几个能量转化？

生：两个……三个。

79. 师：只有重力和弹力做功。

生：两个。

80. 师：哪两个？

生：重力势能……

81. 师：几个转化？

生：两个。

82. 师：李××，会发生几个转化？

83. 生G：两个，先是重力势能转化为动能，这是一个，动能转化为弹性势能是第二个。

84. 师：坐。你误解我的意思了。我的意思是只有重力和弹力做功，几个能量参与转化？

生：三个。

85. 师：至于怎么转化，要由具体题型来决定。那么，只有重力和弹力做功，机械能守不守恒？

生：守恒。

86. 师：机械能包括几种能量？

生：三种。

87. 师：动能、重力势能、弹性势能，不外乎就是这种（形式的）能量变成那种形式的（能量），但是总量变不变？不变。那么，咱们这里写机械能守恒的条件，就应该是只有什么做功呀？

生：重力、弹力。

88. 师：只有重力或弹力做功。咱们举的三种情景中是什么在做功呀？

生：重力。

89. 师：弹力做功和这个道理一样不一样？

生：一样。

90. 师：只有重力或弹力做功，这就是机械能守恒的条件。

91. 师：只有重力和弹力做功，具体的表现形式有两种。第一种情况就是这个物体只受重力和弹力，这个物体只受这两个力，没有受其他力；还有一种情况，受其他力，但是其他力怎么样？

生：不做功。

师：或者可以做功，但合功为啥？为零。知道合功是什么的合功吗？

生：其他力。

92. 师：怎么理解“其他”？

生：除了重力和弹力以外的力。

93. 师：除了重力和弹力以外，其他力做功了，但是合功为零，相当于不做功。其他力做功的合功为零。

94. 师：好了，我们接着来看表达式。其实在前面判断条件的时候，我们已看到机械能守恒的表达式。在刚才“验证”的时候，有几种能表达机械能守恒的式子？

生：两种。

师：几种？

生：两种。

95. 师：实际上，这个［注：指 $mg(h_1-h_2)=(1/2)m(v_2^2-v_1^2)$］是什么思想？是转化思想。这个（指 $E_A=E_B$）有没有转化的思想？

生：没有。

96. 师：也就是，从 $E_A=E_B$ 看不出转化来，对不？这个［指 $mg(h_1-h_2)=(1/2)m(v_2^2-v_1^2)$］里头能不能看出转化呢？

生：能。

师：什么减小？

生：重力势能。

师：等于啥？

生：动能的增加。

师：说明啥？减少的重力势能转化为动能了。

97. 师：那么，第一种转化思想的表达式是什么？

生：（议论）

98. 师：机械能大致分为几种情况？几种类型？

生：两种。

师：哪两种？

生：势能与动能。

99. 师：如果势能增加了，动能一定减少；如果势能减少呢？

生：动能一定增加。

100. 师：怎么表示呢？如果用 ΔE_k 来表示动能的变化量，它等于什么？

生：ΔE_p。

101. 师：是 ΔE_p 还是 $-\Delta E_p$？

生：$-\Delta E_p$。

102. 师：Δ 是什么？

生：增量、变化量。

103. 师：（动能）增加了，ΔE_k 大于零还是小于零？

生：大于零。

104. 师：ΔE_p 呢？

生：小于零。

105. 师：ΔE_p 是不是肯定减少了？因此，$\Delta E_k=-\Delta E_p$。

106. 师：来，第二个表达式怎么写？$E_{k1}+E_{P1}$ 是啥？

生：是初始的机械能。

107. 师：等于什么？等于 $E_{k2}+E_{P2}$，初状态的机械能等于末状态的机械能。

这一环节的教学也基本上采用了备课建议的设计，内容组织基本适当。但是，同样的问题是教师引导过度，开放性、建构性问题和任务少，学生基本上是沿着教师设计的思维路线“思考”，缺少独立思考的机会，不宜暴露问题。比较典型的表现：对话 74~75，教师先提出一个较好的开放性问题——“如果只有弹力做功，大家会怎么理解？”，但未等学生回答，便又问“什么和什么转化？”，还代替学生得出了结论；对话 76~93，讨论有重力和弹力做功时机械能守恒的条件，对话 94~104，讨论机械能守恒的两种表达方式，问题过细。存在的另一个问题是，当学生的表述有问题时，教师不能抓住时机追溯其不当认识的原因，如对话 82~84，学生的回答显然对能量转换的理解有问题，但教师却回避了这一问题。

（5）“应用整合”环节分析

教学实录：

（E）应用整合（38′ 06″—42′ 50″）

108. 师：来大家记完这个呢，看这个实验（再次演示前面的摆球实验）。大家看，前几次是不是基本上达到相同的高度呀？说明什么？

生：机械能守恒。

109. 师：机械能是不是接近于守恒，满足（什么）条件？那么，为什么摇着摇着它会越来越低呢？

生：……空气阻力。

110. 师：现在学习了机械能守恒的条件了嘛，那么随着球在这儿摆动的时间久了以后，为啥就不守恒了？

生：空气阻力。

111. 师：因为啥呀？

生：空气阻力，其他力做功。

112. 师：用条件去（判断）。

生：其他力做功了。

113. 师：除了重力之外，其他力做（什么）？

生：负功。

114. 师：不管它做正功还是做什么，反正是其他力做功了。具体在这儿，其他力是什么力？

生：空气阻力。

115. 师：是空气阻力，以及上面这个地方（注：指悬挂点）实际也多多少少有点扭矩，就是绳子有一定的扭矩。那么也就是说，除了重力外，其他力做了功了，导致越往后机械能（生：越小。），不守恒了。

116. 师：那么大家看，前几次机械能是守恒的，实际上我们真正处理问题的时候，前几次我们为什么把它当作守恒的呢？

生：……

117. 师：因为前几次阻力做的功（怎么样）？

生：少。

118. 师：阻力做的功和什么有关？

生：位移。

119. 师：空气阻力做功是不是和路程有关呀？前几次说明啥？

生：路程少。

120. 师：说明对我们影响极其小，近似地认为它不做功。这是一种理想模型。当然，刚才我们这个小球（在斜劈上）往下滚的时候（演示现象），机械能守恒不守恒？

生：不守恒……守恒。

121. 师：什么情况下它近似守恒？

生：光滑，玻璃。

122. 师：非常光滑。但绝对光滑容易不容易呀？

生：不容易。

123. 师：当摩擦系数非常小的时候，我们是不是可以近似地认为它守恒？如果粗糙呢？

生：不守恒。

124. 师：为什么不守恒？

生：摩擦力要做功。

125. 师：好了，既然我们根据情景 1、情景 2、情景 3 把表达式推导出来，刚才说了，研究问题还有一种叫啥？

生：实验。

126. 师：实验干啥？验证。我们现在理论上推导出来了，但是还需要实验去干啥？验证。大家想一想，实验验证，有没有好办法？通过实验去验证。

生：自由落体。

127. 师：要验证它，我们得通过定量的数据，不能说我看它好像高度相等……那不行……大家想一想纸带……

生：打点计时器。

128. 师：大家下去试一试。因为纸带每两点的距离都能求出来，纸带上各点的速度能求出来吗？

生：能。

129. 师：每两点的高度能不能求出来？

生：能。

130. 师：好了，这节课我们就上到这儿，下课。

本节课的“应用整合”先是重新演示摆球实验和小球在斜劈上滚下的实验，帮助学生通过对真实的物理现象的分析来练习、巩固关于机械能守恒条件的判断，较为适当。接着讨论了机械能守恒的实验验证问题，与以前的打点计时器实验相联系，这部分讨论本应放在“焦点突破”环节。存在的问题依然是教师引导过度，问题设计过细、过碎，不利于学生的深入思考。

总的来看，教师在执行“促进认知发展的探究教学模型”的教学设计时，在教学组织结构执行上困难不大，能初步地实现教学设计的某些意图，如对“诱导探究”的加强、对“问题定位”的重视。存在的问题主要表现在如何提出开放性、建构性问题，以引发并识别学生的已有认知，进而帮助学生实现心智模型的转换。另外，教师原有的教学方式，如着重于知识的逻辑推断，由实验归纳确定的结论，将复杂问题细化为一系列简单问答等，对教师的影响较大。

2.“促进认知发展的探究教学模型”的阶段教学效果考查

由于高一第二学期班级发生变化，因此我们选择分班之前和分班之后两个不同的阶段进行成绩比较。

第一学期（分班之前）：在教学实验之前，曾有过两次校内月考。该校的月考由专门的命题人员进行试卷设计，由学校组织专人监考和阅卷，因此考试分数能够较好地反映学生的真实成绩。我们将其作为实验的前测成绩。

实验期间的第一个学期期末进行过一次全市会考，考试命题、监考、阅卷更为严格，故选择该成绩作为这一阶段的后测成绩。

当时实验教师共带三个班，一个“快班”，两个“中班”（即“普通班”）。第一学期各次考试的班级平均分数如下：

表5-1　高一第一学期月考成绩与会考成绩

		“快班”实验班	“快班”对照班	“中班”实验班1	“中班”实验班2	“中班”对照班1	“中班”对照班2
前测成绩	第一次月考	87.16	80.91	77.89	76.75	77.96	80.65
	第二次月考	64.02	68.2	50.38	48.89	48.84	47.27
后测成绩	全市会考	89.6	88.83	80.33	81.59	79.18	81.15

第二个学期（分班之后）有两次校内月考，班级平均分数如下：

表5-2　高一第二学期两次月考成绩

	“快班”实验班	“快班”对照班	“中班”实验班	“中班”对照班1	“中班”对照班2
第一次月考	82.56	88.86	72.97	77	75.92
第二次月考	86.93	90.53	72.45	65.48	68.75

由于班级人数一直有变动，因此未能做差异显著性检验。

由分数表数据可以看出，在第一学期，实验之前，“快班”实验班与对照班相比成绩不相上下，“中班”实验班与对照班相比成绩基本相同；实验之后，实验班的成绩虽无显著差异，但略高于对照班。

在第二学期，“快班”实验班只有个别学生的调整，基本保持原班人员，而“快班”对照班则进行了其组内各班的重新选拔，明显占优；“中班”实验班和对照班是其组内重新分班确定的，三个班基本平行。第一次月考“快班”实验班与“中班”实验班的成绩都明显差于各对照班，这在当时给实验班教师造成很大压力。实验教师自己反思认为，可能的原因是实验班在月考前对复习有些松懈，学生未能更好地把握核心内容及解决问题的基本方法；而我们认为，这可能与分班有很大关系。第二次月考，“中班”实验班的成绩显著优于对照班，这应该含有教学实验的积极效应；“快班”实验班的成绩还是差于对照班，我们认为还是受到了重新分班的影响。顺便说一下，两年之后，“快班”实验班的高考成绩远远超过“快班”对照班；“中班”实验班的高考成绩稍好于“中班”对照班。

对于上述结果，我们基本上是满意的。因为实验之初，实验教师担心课堂上更多地让学生探究问题可能会因费时间而降低教学效果，但事实上参照“促进认知发展的探究教学模型”展开教学，学生的阶段学业成绩并不会比常规教学的效果差，而在课堂教学氛围、学生学习状态等方面，实验班的状况显著优于对照班。尽管我们不能将实验班的成绩全部归因于新的探究教学模式的运用，但其积极效应却是明显的。

3. “促进认知发展的探究教学模型”的课堂教学效果考查

实践研究中，我们关心的另一个问题是：“促进认知发展的探究教学模型”在一节课的实施中是否有积极效果？为此，我们在第二学期选择高一物理的“动量守恒定律”一节进行了现场教学实验对比。

由于不能对“快班”对照班实施测量，所以这一研究只在实验教师所在教学组的“中班”来完成。研究分为下面的四个阶段。

第一阶段：设计和实施前测（测试卷见附录 1）

测试数据如下：

表5-3 高一物理“动量守恒定律”课堂教学前测成绩

班级	题目	1	2	3	4	5	6	7	平均分
8班（实验班，57人）	平均分	0.42	1.37	0.91	0.18	1.3	1.09	0.32	5.58
	正确率	0.21	0.68	0.46	0.09	0.65	0.54	0	
6班（对照班，62人）	平均分	0.58	1.08	0.78	0.2	1.39	0.68	0.59	5.31
	正确率	0.29	0.54	0.39	0.1	0.69	0.34	0.5	
7班（对照班，57人）	平均分	0.42	1.09	0.84	0.28	1.3	0.95	0.61	5.46
	正确率	0.21	0.54	0.42	0.14	0.65	0.47	0.04	

经差异检验，实验班与对照班各题及总平均分无显著差异。

第二阶段：教学实施

实验班教学先由指导教师提供备课建议，具体如下：

第三节　动量守恒定律

焦点问题：系统的动量变化有什么规律？

问题定位：对于单个物体，有 $Ft=p'-p$；对于（两个）相互作用的物体组成的系统，其动量变化有什么规律呢？

诱导探究：回想前面的一个实例，两位同学穿上冰鞋面对面静止站立在冰面上，然后一位同学推开另一位同学；假如他们的质量相等，那么推开时会出现什么情况？如果质量不等，又会出现什么情况？理由是什么？二人的动量变化之间可能存在什么关系？理由是什么？

焦点突破：方法 1——实验研究；方法 2——理论推证。

实验研究：确定方案；实验设计；实验实施；数据收集及分析；结果与结论；讨论。

可用替代实验：两等质量的摆球正碰。

理论推证：参照教材。

知识表征：要求学生解释 $m_1v_1+m_2v_2=m_1v_1'+m_2v_2'$ 的物理意义，引导学生表述动量守恒定律，并写出表达式。让学生用矢量图表示。

拓展研讨：（1）成立条件；（2）使用范围。

应用整合：选取几个定性问题进行讨论，着重于动量守恒条件的判断，如教材上的“思考与讨论”。

实验教师的教学过程（由教学实录整理）：

问题定位：（0—1′ 42″）

1. 教师：一个物体的动量变化量取决于什么？谁决定物体的动量变化量？

2. 学生：（议论）合冲量；Δv（教师质疑：Δv？）。

3. 教师：如果两个物体相互作用，它们的动量变化有什么规律？

诱导探究：（1′ 43″—7′ 14″）

4. 教师：（借助作图描述）两个同学（穿冰鞋）面对面静止站在水平冰面上，左侧 A 推右侧 B，会发生什么现象？

5. 学生：（议论）A 向左动，B 向右动。

6. 教师：都向相反方向运动。如果 B 推 A 呢？

7. 学生：一样。

8. 教师：如果互推呢？

9. 学生 1：他们都受相反的力。

10. 教师：他们分离时，速度谁大谁小？

11. 学生 1：看质量。

12. 教师：假如质量一样？

13. 学生 1：受力（大小）一样，动量（变化）一样，速度一样。

14. 教师：（简要分析后）最后他们的总动量是多少？

15. 学生：为零。

16. 教师带领学生分析为什么总动量等于零。

焦点突破：（7′ 15″—19′ 28″）

17. 教师：现在我要求大家用实验的方法检验一下刚才的说法，该如何检验？

18. 学生议论，未能回答。

19. 教师：（以前面两人在冰面上相推为例）你得知道哪些量？

20. 学生：mv。

21. 教师：要不要测质量？怎么测？（如果是铅球）用秤嘛。然后测什么？

22. 学生：v、时间。

23. 教师提问学生 2。

24. 学生 2：测时间，计算动量。

25. 教师：你测出时间了，m 怎么测？推力是个什么力？能不能测出来？时间又怎么测？

26. 学生：（不知所云）。

27. 教师：既然测出 m，再测什么？v 嘛。v 怎么测？（提问学生 3）

28. 学生 3：测从分离到后来静止的距离。

29. 教师：v 怎么求？

30. 学生：（不会作答）。

31. 教师引导学生用动能定理求，其中要查出动摩擦因素。

32. 教师：还可以有其他方法来测 v，但我们现在都实现不了。总之，通过实验，我们可以检验前面的说法。

33. 教师：(系统)初动量为零，末动量也为零，这是一种什么思想？

34. 学生：(动量)守恒。

35. 教师：刚才大家是用实验方法进行检验，现在我们再用理论来推证一下。

36. 教师：(为学生作图，描述水平面上两个小球同向运动，A 追上 B 后碰撞分离的例子。)请大家推证，两小球作用前的动量和作用后的动量相等。

37. 学生用 4 分钟时间各自推证，中间教师提示从二者之间的相互作用入手。

38. 教师引导学生一起推证，似常规教学，过程从略。

知识表征与研讨：(19′ 29″—40′ 00″)

39. 教师引导学生写出动量守恒定律的表达式：$m_1v_1'+m_2v_2'=m_1v_1+m_2v_2$；$p_{总末}=p_{总初}$；$\Delta p_{总}=0$；$\Delta p_1=-\Delta p_2$；第一式的矢量表达。

40. 学生随教师回答，记笔记。

41. 教师引入概念：系统；内力；外力。分别举例说明。

42. 学生随教师回答，记笔记。

43. 教师引导学生讨论：系统外力之和的求法。

44. 学生随教师回答，记笔记。

45. 教师引导学生讨论：系统内力和外力对系统总动量的改变的影响。

46. 学生与相邻同学讨论。

47. 教师提问学生，总结得出结论。

48. 教师引导学生讨论系统动量守恒的条件：不受外力或外力合力为零。

49. 学生随教师回答，记笔记。

应用整合：未进行。

实际教学过程与备课建议的比较："问题定位"基本一致；"诱导探究"实现较好，教学中对冰面上两人互推问题进行了较长时间且比较开放的讨论；"焦点突破"中，实验研究未能实现实验操作，但对实验设计做了较细致的讨论，其中可以看出学生设计实验的困难，而理论推证则采用启发、引导方式，做得较细；“知识表征与研讨”环节讨论问题多而细，比备课建议多了许多内容；“应用整合”未进行。

总体上看，实际教学在“问题定位”“诱导探究”环节的处理尚可；在“焦点突破”环节，不足之处是实验研究缺少实验操作，理论推证尚可；“知识表征与研讨”环节是较为典型的常规处理方式，内容有些多，一些问题可安排在后续课程处理。另外存在的问题是一些地方的引导太细，问题的开放性不强。

对照班教师的教案：

教学导入：动量定理研究了一个物体受力作用一段时间后的动量变化，物体相互作用时，情况又会怎样？比如，两个同学在滑冰场上相互推一下，他们的动量变化服从什么规律？

教学展开：

一、动量守恒定律

1. 生活实例；阅读分析教材中的实验（两个等质量小车静止放在光滑水平木板上，之间装有弹簧，拉紧弹簧并用细线将二者拴在一起；剪断细线，二者等速分开；若一个小车质量是另一个的两倍，则质量大的小车速度约为另一个的一半），思考两个物体的动量变化。

2. 动量守恒定律的推导。

3. 对定律的理解：内力对系统的冲量为零。

二、动量守恒条件的分析

例子：一小车放在水平面上，小车上面放一物块，用手沿水平方向推（或者不推）物块，系统动量是否守恒？

1. 只有内力，不受外力。

2. 有外力但外力合力为零。

3. 应用范围。

三、例题分析

1. 不受外力。

2. 受外力但外力合力为零。

四、动量守恒判断

（说明：原教案如此，后面的练习未写出，应该在练习册上。）

两种教学处理的比较：

对照班的教学导入采用教材中的方式，先由知识线索导入问题，再举冰面上两人互推的例子说明问题，没有对该例做进一步讨论；实验班教学由知识线索导入问题，而将冰面上两人互推的例子作为“诱导探究”的材料进行了较为细致的讨论。

对照班的“教学展开”阅读讨论了教材上的实验，做了理论推证；实验班没涉及教材中的实验，但结合前面的案例进行了验证性实验的设计，也做了理论推证。在知识表征和研讨方面，对照班不如实验班做得细致；在练习方面，对照班做得较多。

第三阶段：设计和实施后测（测试卷见附录2）

测试数据如下：

表5-4 高一物理“动量守恒定律”课堂教学后测成绩

题号	1	2	3	4	5	6	7	8	9	10	总均分
8班（实验班）											
平均分	0.42	1.46	0.92	0.19	0.88	4.5	4.8	4.17	1.85	0.58	19.75
标准差	0.82	0.89	1	0.59	0.99	1.17	0.68	1.81	2.25	1.52	4.59
人数52											
6、7班（对照班）											
平均分	0.67	1.13	0.76	0.34	1.17	3.29	4.42	3.07	1.02	0.5	16.32
标准差	0.94	0.99	0.97	0.76	0.99	1.33	1.49	2.35	2	1.48	4.92
人数116											
*Z*值	1.74	2.06	0.95	1.36	2.88	5.76	2.26	3.28	2.24	0.32	4.34
*P*值		0.05			0.01	0.01	0.05	0.01	0.05		0.01

第四阶段：成绩对照及结论

“动量守恒定律”前后测设计考虑了三个方面：

1. 知识

动作表征：不做测试。

表象表征：由题目1测试。

符号表征（文字符号、图形符号、数学量符号）：

（1）能理解文字表述：由题目2、3测试。

（2）能理解图形表示：由题目 4 测试。

（3）能理解数学量符号表示：由题目 5 测试。

（4）相关概念：内力、外力概念，由题目 6 测试。

2. 探究过程

（1）实验研究：不做测试。

（2）理论论证：由题目 7 测试。

3. 问题解决（前测不做测试）

（1）简单应用：单一过程，条件判断简单，由题目 8 测试。

（2）灵活应用：条件判断较复杂，过程较复杂，分别由题目 9、10 测试。

比较后测成绩可以看到，对照班在第 5 题（数学量符号表征）上显著优于实验班，这可能和对照班做过较多课上练习有关；实验班在第 2（文字表述）、6（内力、外力概念）、7（理论论证）、8（简单应用）、9（单一过程的复杂应用）题以及总均分上显著优于对照班。第 2 题的成绩差异反映出实验班对动量守恒定律的理解更好些，这应该是教学的总体效果的差异；第 6 题的成绩差异反映出实验班对内力、外力概念理解更好些，这可能与该班课上专门讲解这两个概念有关；第 7 题的成绩差异反映出实验班对动量守恒定律的理论推证掌握得更好些，这可能与该班让学生自己推导有关；第 8、第 9 的成绩差异反映出实验班在解决简单应用问题、单一过程的复杂应用问题方面表现更好些，值得注意的是，实验班在课上并没有做练习。

在第 1（表象表征）、4（图形表征）、10（多过程的复杂应用）题上，实验班与对照班得分都很低，反映出学生对定性现象的理解、矢量图形符号表征以及多过程复杂应用存在较大困难，而两种教学方式对这些难度较大的问题的解决，都不能只经过一节课来一次性解决。

总的来看，“促进认知发展的探究教学模型”的尝试使用在本节课教学中的总体效果优于常规教学，而且在理解定律含义、理论论证和不太复杂的问题解决方面表现良好。考虑到两种教学处理的主要差别，我们认为，实验班学生参与度较高的“诱导探究”和“焦点突破”中理论推证等教学处理环节产生了积极效应。当然，此处我们更关注“诱导探究”可能引起的积极效应。

第三节 实践研究结论

总结教学实践研究，我们得出的初步结论是：

（1）对于中学物理教师，运用“促进认知发展的探究教学模型”组织教学的难点主要表现在两个方面：其一，对与核心知识相关的焦点问题的确定以及问题的定位；其二，提出开放性、建构性问题，引发并鉴别学生的已有认知，将教学聚焦于学生的心智模型的显现与转换。教师容易出现的主要问题是把关注点放在课堂教学内容的推证上，线性实验归纳倾向较强且不易改变，并且总是要为消除难点而进行过度引导。

（2）长期运用“促进认知发展的探究教学模型”来设计和实施高一物理探究教学，实验班学生的参与度更高，而其学业成绩不会低于接受常规教学的学生的成绩。在加强“问题定位”，特别是加入“诱导探究”后，是不是有积极效应，我们还不能做出推断，但可以确定不会导致成绩下降。

（3）在高中一年级的力学部分尝试运用“促进认知发展的探究教学模型”展开探究教学，单节课教学的总体效果优于常规教学，而且学生在理论论证和不太复杂的问题解决中表现良好，“诱导探究”的教学操作可能具有积极效应。

第六章 基于“促进认知发展的探究教学模型”的教学设计案例

本书所讨论的探究教学着重于课堂情境下围绕某一核心知识而展开的科学探究教学，所建立的“促进认知发展的探究教学模型”主要应用于中学物理概念和规律的教学设计。为此，本章进一步运用“促进认知发展的探究教学模型”的教学设计思想和方法，以案例的形式，对初中和高中的物理概念与物理规律的探究教学设计进行探讨，进而为中学物理探究教学设计提供新的思路。

第一节 物理概念的探究教学设计案例

在中学物理教学中，物理概念的探究教学设计既是重点，又是难点。之所以难，是因为不少教师对两个关键问题分辨不清：一是概念教学到底要探究什么，二是概念教学应该如何探究。下面通过两个案例，对物理概念的探究教学设计做进一步讨论。

一、“升华与凝华”探究教学设计

教材简析：教材选用人民教育出版社的《物理》（八年级上册），教学内容为“升华与凝华”（人民教育出版社课程教材研究所物理课程教材研究开发中心，2006）[92–95]。

教材通过冰的熔化和水的汽化现象，提出问题：物质吸热后能不能从固态直接变为气态？气态能不能直接变为固态？然后，演示“碘的升华与凝华”实验，给出“升华”与“凝华”的概念；接着列举樟脑片升华、窗花与雾凇凝华等现象；之后，陈述“升华吸热、凝华放热”；最后，给出阅读材料及练习。

教材在导入部分关注了之前的相关知识及现象，提出了焦点问题，是一种恰当的“问题定位”方式。但是，探究环节直接由“碘的升华与凝华”实验一次观察完成，是典型的实验归纳方式，甚为不妥。尽管后面列举了若干生活中的升华、凝华现象，但仅仅是运用新概念解释常见现象，并没有将这些现象作为之前探究概念属性这一核心过程的学习资源，也就不能更加有效地把新概念的学习与学生的已有认知密切联系起来。显然，由于缺少必要的“诱导探究”，简单地从实验“直观地看出”升华与凝华的现象，严重忽视了学生基于生活经验的思考。

探究教学设计

问题定位 我们之前已经学习了物质的三种状态，还学习了这些状态之间的四种物态变化，哪位同学能列举一个实例进行说明？哪位同学能用一个简图对以上四种物态变化做一个小结？其中，哪些过程是吸热的，哪些过程是放热的？

观察所画的简图，你是不是觉得还有什么问题值得继续探究？（要给学生思考与表达的时间）…… 我们很想知道，物质能不能从固态直接变为气态？或者从气态直接变为固态？比如，冰能不能直接变为水蒸气，水蒸气能不能直接变为冰？

设计说明：联系相关知识，关注知识体系，引出焦点问题；列举“冰与水蒸气之间能不能直接变化”，意在关联生活现象，创设物理情境，使问题更加具体，更易理解。

诱导探究 请大家想一想，在我们的生活中是否曾经看到过某种物质，比如水，直接由固态变为气态，或者直接由气态变为固态？你是如何判断出它们之间是直接变化的？（应该给学生适当充足的时间进行讨论）

设计说明：物理概念教学要探究的首先是该概念所描述的物理属性，此处即指“物质由固态直接变为气态，或由气态直接变为固态”。然而，对概念属性的探究不应该是直接的实验归纳，而应该优先关注学生的已有认知。学生在生活中会看到诸如冬天“湿衣服冻干”“冰雪消失”“雾凇”“窗花”等现象，他们可能仅仅是看到过现象，也可能听说过这是升华、凝华现象，还可能做过简单的思考，总之是有所认识的。因此，物理概念的探究教学设计，首先应该从学生似曾相识的现象引发思考，要让学生对自己的已有认识以及形成这种认识的依据进行表达，进而通过与他人的交流来深化思考，聚焦认识概念属性的关键问题。需要特别注意的是，此时的讨论重点不是得出教师预期的结论，而是看学生基于现有证据能做出怎样的判断，哪些判断是可信的，哪些是有待进一步检验的，由此促使学生审视自己的已有认识以及形成该认识的思维方式。

焦点突破 我们刚才的讨论是基于对日常现象的回忆和思考而做出的，而且我们找到了问题的关键，即物质能不能直接由固态变为气态，或者直接由气态变为固态，要看过程中是不是不出现液态。要确认这一点，我们不能只凭对现象的回忆和分析进行判断，还需要进行实验检验。

演示（或随堂实验）：碘的升华与凝华实验。

问题：你看到了什么？如何解释看到的现象？我们可以做出什么结论？

设计说明：在诱导探究将问题聚焦后，应进一步用实验（或理论推断）

的方式为学生认识概念属性提供更加坚实的依据，突破焦点问题，进而帮助学生修正已有认知中的错误认识及不当思维。

知识表征与研讨 通过以上探究，我们可以看到，物质在一定条件下可以从固态直接变为气态，也可以从气态直接变为固态。前者，称之为“升华”，后者，称之为“凝华”。

问题：（1）哪位同学能说说升华与凝华的吸、放热情况？（2）为什么说升华与凝华是“在一定的条件下”发生的？你能不能以水的物态变化为例加以说明？

设计说明：物理概念的探究教学必须让学生获得概念认识，因此要对物理概念进行明确表达；在建立初步概念之后，应对概念的某些方面进行必要的讨论。

应用整合 哪位同学还能列举出其他升华与凝华现象？你是如何判断该现象是升华或者凝华的？

任务：（1）请大家补充前面所作的简图，总结我们学过的六种物态变化，同时标明每个过程的吸、放热情况；（2）阅读教材所附的材料，了解更多的物态变化现象；（3）请大家参照“动手动脑学物理”，完成其中的学习任务。

设计说明：知识的巩固练习要抓住理解知识的要点，要关注知识之间的联系，要关注生活，尤为重要的是这些练习都要建立在学生主动操作、主动思考的基础之上。

上述“升华与凝华”的探究教学设计，在2012年包头师范学院师范生教学技能竞赛中获得理科组唯一的一等奖。

二、“加速度”探究教学设计

教材简析：教材选用人民教育出版社的高中《物理》（必修1），教学内容为“速度变化快慢的描述——加速度”（人民教育出版社课程教材研究所物理课程教材研究开发中心，2006）[25-29]。

教材由汽车和火车起步的实例导入，且给出各自的起步时间与末速度等定量数据，由此提出“谁的速度‘增加’得比较快？它们的速度平均1s各增加多少？”的焦点问题；之后，让学生举例说明“速度大”“速度变化大”“速度变化得快”的含义，并基于一组飞机起飞、炮弹发射的初末速度及加速时间的数据，比较速度变化快慢，由此引入“加速度”概念，并给出加速度的定义式；接着讨论加速度的单位、方向及图像表示；最后是阅读材料“变化率”及练习。

教材的导入值得商榷。其一，没有对运动现象进行观察，直接给出定量数据计算速度的变化快慢，将物理问题演变为数学问题，对学生认识加速度的物理内涵不利。其二，没有将该节要研究的问题与该章主题及相关内容对应的问题相联系，对学生认识知识之间的联系不利。其三，提出的问题过于直白，对学生的建构性思考不利。

教材中，“加速度”概念的建立过程甚为不妥，因为并没有让学生在具体的运动情境中通过主动的观察与思考进行信息选择和属性识别，而是通过一组假设的数值的运算来辨析“速度变化快慢”的含义，用数学思考取代了物理观察与分析，显然不是应有的物理探究方式。

探究教学设计

问题定位 本章的内容是物体运动的描述，之前我们已经引入相应的物理概念对物体运动的位置（x坐标）、位置变化（Δx）以及位置变化的快慢（速度$v=\Delta x/\Delta t$）等性质进行了描述。那么，物体的运动还有其他需要关注的属性吗？我们该如何对之做出描述呢？比如，同学们是否注意过这样的现象，一辆公共汽车和一辆小轿车并排停在十字路口的停车线上，当绿灯亮起时，两个司机同时启动车辆，这两辆车起步阶段的运动会有什么不同？我们如何把二者的不同描述出来？（只将抽象问题具体化，并不让学生讨论。）

设计说明：由物体“运动的描述”这一单元知识的问题结构引出新的问题；借助一个生活中的运动情境将问题具体化；基于知识延伸与实际情境，提出一个适度开放的建构性问题。

诱导探究 回顾前面车辆启动的实例，提问：你看到的现象是什么？你认为两辆车的运动有什么不同？你的理由是什么？其他同学有什么不同看法？

设计说明：如前所述，概念教学中首先要引导学生探究物理概念所描述的物理属性，而基于对真实运动现象（尤其是生活中常见的现象）的考察来辨别概念属性，才是理解和认识物理概念属性的根本方式；让学生表达自己的已有认知及其形成原因，暂不对结论的正确性做出评价，意在促进学生对自己及同伴的已有认知进行审视，调整自己的看法。

展示飞机与摩托车起跑比赛的视频，让学生画出飞机与摩托车运动的“速度－时间”图像并进行比较；让两名学生出示所画的图像，并让学生陈述各自的理解及理由（依据哪些观察信息？依据什么认识？）；讨论确定能合理描述飞机与摩托车运动的图像。

引导学生讨论并形成解释：起跑阶段，二者的运动假设为速度均匀增加的过程；摩托车起跑时速度增加得快，但加速时间短，达到某速度后做匀速运动；飞机速度增加得慢，但加速时间长，可加速到更大的速度，追上并超过摩托车。

设计说明：借助多媒体手段展示另一个真实的运动，让学生对运动现象进行考察；引导学生运用图像表征方式来表达各自对飞机和摩托车运动的理解（心智模型），为教师了解学生的已有认知提供了简明而有效的途径；让学生对照视频中的现象来阐述图像的物理含义，反思其形成认识的依据，促使学生更深入地思考新的运动属性；引导学生比较所画出的不同图像，探讨哪种图像更合理，由此体会自己在观察和解释该现象时所运用的物理模型思想与方法。

聚焦焦点问题 由以上几个运动实例的考察，我们能认识到什么新的运动属性？你能想到用什么样的方式描述这种新的属性？

设计说明：将目标聚焦在“加速度”的概念属性及其描述方式这一焦点问题上。

焦点突破 我们还可以考察这样一个现象（演示）：一个小球以相同的速度滚上倾斜度不同的斜面，直至速度为零。

提问：该小球沿倾斜度不同的斜面向上的运动有什么不同？

小结：通过对这些运动现象的考察，可以发现，物体运动的速度常常是变化的，而不同的运动，其速度变化的快慢可以是不同的；“速度变化的快慢”是物体运动的一个重要特征，我们就用“加速度”这一概念来描述“运动速度变化的快慢”这一属性。

设计说明：增加一个减速运动的案例，以便更准确地理解“加速度”的概念属性；应该对概念属性做出明确的总结陈述。

那么，我们又该如何对物体运动的“加速度”进行定量描述呢？请大家构想出自己的方案。

设计说明：在探究出概念所描述的物理属性之后，如何给出这种属性的定量描述方式常常是概念教学中需要探究的又一个重要内容；让学生探究物理概念的定量描述方式，有助于激励学生的创新思维，也有利于学生对科学知识的性质——科学本质的合理理解，即科学知识总是含有人类的创造性思考，而不是简单的实验归纳。

给学生提供必要的启示，比如：（1）回顾对“运动快慢”的定量描述方式；（2）（如有条件）测量小球在不同倾斜度的斜面上的运动速度变化情况，由测得的数据构建判断二者速度变化快慢不同的方式。

设计说明：通过类比，启发学生构想方案；基于真实情境以及相关数据，构想定量描述的方式。

知识表征与研讨　在学生构想的基础上，讨论确定加速度的意义及定义式、单位。

引导学生对定义式进行分析，判断加速度的矢量性；然后，让学生尝试画出直线运动加速、减速情况下初速度、末速度、速度改变量的矢量图形，进而确定加速度的方向，总结其中的规律。

用教材中的素材讨论加速度的图像表达问题。

设计说明：需要明确给出概念的物理意义及定义式；加速度的单位较为复杂，需要讨论；加速度的矢量性可基于定义式进行探讨，加速度方向的确定应借助矢量图形；加速度的图像表达需要讨论。

应用整合　引导学生回顾本章主题，比较位移（路程）、速度、加速度所描述的运动属性；安排练习（从略）。

设计说明：应关注单元知识的整体结构关系；安排适当的巩固练习。

总之，物理概念的探究教学设计应该立足于对真实的物理现象的考察，要引导学生用基于观察与实验所获得的信息去构想对概念属性的理解；观察与实验要从生活现象开始逐步精细化，便于学生通过反复的观察与思考调节自己的认知，而不是用个别显著的实验归纳出概念属性并强制学生接受；对于需要定量描述的物理概念，应引导学生积极构想定量描述的方式，其意义是不可忽视的。关于物理概念的探究教学设计，可参阅《物理概念的探究教学设计——以“加速度”教学为例》一文（王文清 等，2014）。

第二节　物理规律的探究教学设计案例

物理规律的探究教学设计无疑是中学物理教学的又一个重点。通常认为，物理规律的探究教学设计不像物理概念的探究教学设计那么难，一个可能的原因是，不少人认为，对物理规律的探究就是寻找物理状态或物理过程中相关因素之间的关系，而这种关系大多可以由直观的现象进行归纳，或者由测量的数据进行推断。的确，物理规律所表征的是物理过程或物理状态中相关因素之间的关系，对这种关系的探究也必须以观察与实验为基础，但是直接的实验归纳与数据分析却不是恰当的探究方式，因为这种方式忽视了学生对相关现象的已有观察与思考，把物理规律视为与学生的已有认知无关的事实归纳而强加给学生。可见，物理规律的探究教学设计并不简单。下面通过几个案例对此进行阐述。

一、“光的反射规律”片段的探究教学设计

教材简析：教材选用人民教育出版社的《物理》（八年级上册），教学内容为“光的反射”（人民教育出版社课程教材研究所物理课程教材研究开发中心，2006）[38-40]。

教材先提出问题：“光在反射时遵循什么规律？也就是说，反射光线沿什么方向射出？”然后进入“设计实验和进行实验”环节，再通过对实验现象的“分析和论证”得出结论。

教材列出了科学探究七要素中的四个要素，而且是只通过一个典型实验归纳出光的反射规律，尽管是基于实验的探究，但并没有关注学生的已有认知，很容易成为一种形式化的实验归纳式探究教学。

探究教学设计

问题定位　（前接“光的反射”概念）我们已经知道什么是光的反射，那么，接下来我们希望研究什么问题呢？…… 是的，我们很想知道，当一束光照在反射面上时，反射光会沿着哪个方向射出？

设计说明：鼓励学生提出进一步研究的问题；问题要通俗、明确，要紧扣主题。

诱导探究 哪位同学能说说，根据你对光的反射现象的观察与思考，反射光会沿着什么方向射出？（学生表达自己的观点，教师可追问依据，但不做正误评判。）

现场活动：我们用笔表示一条光线，笔尖表示光的传播方向。当我们用一支笔 *A* 斜着指向桌面（代表反射面）某一点时，请用另一支笔 *B* 表示反射光的射出方向。然后，改变 *A* 笔的入射方位（既要改变与桌面的夹角，也要改变 *A* 笔所在的竖直平面），请重新调整 *B* 笔的方位。同桌的两位同学可以互相配合完成。

教师在讲台上操作 *A* 笔，请某一组同学代表调整 *B* 笔的方位。

提问：根据我们的操作，大家说说，其中可能有什么规律？

设计说明：让学生基于已有观察与思考进行表达；通过 *A*，*B* 笔的动作表征，更直观地了解学生的已有认知；促使学生审视已有认知，而不是简单地进行所谓的“猜想与假设”。

焦点突破 大家有各自不同的看法，那么，我们如何对各种看法进行检验呢？当然是通过实验。下面，我们分组对前面的不同看法进行实验检验（任务分配视具体情况而定）。请各组参照所提供的实验器材自行完成实验设计和实验操作，做出结论。

小组汇报，讨论并得出各自的结论。

设计说明：在学生对已有认知进行充分表达、审视并将问题进行聚焦之后，引入突破性实验解决焦点问题；根据所具备的条件，采用随堂实验或演示实验完成实验探究；尽可能给学生自主探究的机会，如实验设计、实验操作、分析与论证等。

知识表征与研讨 （引入法线、入射光线、反射光线、入射角、反射角等概念，也可在前面适当时机引入。）请大家总结一下光的反射定律：（1）在反射现象中，反射光线、入射光线和法线在同一平面内；（2）反射光线、入射光线分居法线两侧；（3）反射角等于入射角。（绘出光路图）

讨论：（1）反射光线、入射光线和法线所在平面与反射面是什么关系？（2）为什么说“反射角等于入射角”？

设计说明：鼓励学生表述规律，且要给出明确结论；对结论进行必要的研讨。

应用整合 现在我们再次回到前面的 *A*，*B* 笔操作当中，每两位同学为一组，一位同学操作 *A* 笔，另一位同学根据 *A* 笔的方位变化操作 *B* 笔。第一位同学将 *A* 笔的方位变化 5 次，记录第二位同学 *B* 笔方位摆放正确的次数，然后，两位同学互换，记录这一次 *B* 笔方位摆放正确的次数，两人比比看，谁正确的次数多？

设计说明：此处只做简单练习；选择 *A*，*B* 笔演示方式，促使学生更好地在三维空间中体验光的反射定律中的关系。

在初中物理中，有些规律只是定性的，看上去很简单，而且常常可以由一两个典型实验现象明显地“看”出结果。然而，这种直接由典型实验归纳规律结论的方式，能使学生自然消除原来可能存在的错误认知吗？对此，我们是持怀疑态度的。在教学中加入“诱导探究”环节，能更好地诱发学生的已有认知，加深学生的思考。请看下面的案例。

二、“透镜对光的作用”片段的探究教学设计

教材简析：教材选用人民教育出版社的《物理》（八年级上册），教学内容为“透镜”（人民教育出版社课程教材研究所物理课程教材研究开发中心，2006）[61]。

教材在实验之前没有提出所要解决的问题，更没有设置必要的物理情境，学生对“透镜对光的作用”所要探究的问题理解起来有难度。

教材中直接用三只激光笔射出三条平行的细光束代表一束平行光，平行光沿主光轴射向凸透镜和凹透镜，观察现象，得出结论。这种方式是典型的直接实验归纳方式。尽管演示的现象清晰地展现了透镜对光的汇聚、发散作用，但没有考虑学生的已有认知，学生投入的思考不够。

探究教学设计

问题定位 前面我们知道了什么是凸透镜和凹透镜，请大家用凸透镜或凹透镜观察某一物体，你所看到的还是物体原来的样子吗？可能是什

么原因导致这一结果？…… 物体显然不再是原来的样子，可能是由物体反射的光在通过透镜时发生了偏折。那么，通过凸透镜看到的和通过凹透镜看到的物体形态一样吗？又可能是什么原因？……不一样，可能是凸透镜和凹透镜对光的偏折作用不一样！好，我们现在就来研究，透镜对光有什么作用？

设计说明:探究需要先有问题，而问题的提出应该力争与知识相联系，与现象相联系；借助一个学生现场操作的现象来创设情境，使学生更加直观地理解“透镜对光的作用”到底要研究什么；主题问题要具有适度的开放性。

诱导探究

请大家利用课桌上的器材完成下面的操作。

观察：用手电筒打出一束白光，沿主光轴射向凸透镜和凹透镜。

问题：谁能作图描述一下这束光线入射凸透镜、凹透镜以及光经过透镜后出射的情况？…… 请说说，你的图所表达的含义是什么？你的依据是什么？（让学生自己构想，暂不正误评判。）

演示观察：我们现在将上述现象放在用玻璃罩做成的“雾室”（充入烟雾）中观察……

问题：你看到的与你之前所认为的一样吗？你会如何解释这一现象？（重在学生表达，不做正误评判。）

设计说明：借助学生熟悉的现象激励学生基于已有认知进行构想，形成自己的解释，再用更清晰的现象帮助学生对自己的解释进行检验，意在改变直接的实验归纳式探究，培养学生的思维习惯及思维方式，对问题进行更深入的思考。

焦点突破

演示观察：如教材实验（但不只演示平行光入射，还可借助“预测—观察—解释”策略，演示汇聚光线、发散光线入射的情形）。

设计说明：让学生在渐次深入的观察过程中进行反复构想和检验，促进其自主的意义建构，实现认知转变。

知识表征与研讨 学生作图描述各现象；讨论如何由观察到的现象判断凸透镜、凹透镜对光的作用。

设计说明：学生既要学会用图形表达透镜对光的作用，也要真正理解“汇聚”与“发散”的含义及判断方法。

应用整合　（1）常规练习（略）；（2）问题：如何用光的传播规律来揭示凸透镜、凹透镜对光的作用？

设计说明：做必要的练习；力争激励学生用光的折射规律解释透镜对光的作用，进而整合相关知识。

三、“动量定理”片段的探究教学设计

教材简析：教材选用人民教育出版社的高中《物理》（选修 3–5）（人民教育出版社课程教材研究所物理课程教材研究开发中心，2006）[25-29]。

教材先由之前的碰撞实验及动量、动量的变化的讨论引出“一个物体动量的变化”问题，然后将两物体碰撞过程中的相互作用力近似为恒力，利用牛顿运动定律导出动量定理表达式（同时也定义了“冲量”概念）。

这个设计与常见的利用恒力作用于某物体推导动量定理的方式基本一致。我们认为，这样的教学设计存在的不足就是没有在建立动量定理的过程中考虑学生的生活经验，没有利用学生熟悉的事例做必要的研讨，不能引发学生的已有认知，也不能更好地体现“从生活走向物理”的课程理念。

探究教学设计

问题定位　前面，我们基于对碰撞现象的研究，定义了“动量”及“动量的变化”的概念，而且知道物体动量的变化与其受到的作用力有关，但究竟是什么关系呢？

设计说明：由先前知识的延伸引出一个适度开放的问题。

诱导探究　其实，我们对这一关系并不陌生，只是我们没有明确意识到而已，现在我们就来回顾一些生活中的情景。

情景 1：打篮球时，同伴使劲给你传过来一个球，你怎么接好？……对，先把手向前伸出去，等手触及篮球时迅速随球回缩。如果没有这个回缩过程，或者球传过来时才把手向前伸出去，会怎么样？

情景 2：如果你从一个稍高的台阶跳下去，当你着地时会有一个什么

动作？…… 对，要屈膝。如果着地时腿是直的，会怎么样？

类似的例子很多，你从中能领悟到什么规律？（学生自由表述，教师不做正误评判。）

演示实验：用一段长约 40cm 的缝衣服的细线，一端拴上一个 50g 的砝码，另一端系在铁架台上；再将一段同样的缝衣服的细线从中间剪断，接入一截绑头发用的橡皮筋，总长约 40cm，然后一端拴上 50g 的砝码，另一端也挂在铁架台上。用两只手分别托起两个砝码到同样的高度（如，距铁架台端约 30cm）。

问题：请你预测一下，释放两个砝码后，可能会出现什么结果？你这样预测的理由是什么？

演示现象：两只手释放砝码，观察现象。

问题：大家看到了什么现象？你会如何解释？

聚焦问题：分析上述现象，我们可以觉察到，如果物体的动量变化相同，那么，当力的作用时间长时，作用力就小，力的作用时间短时，作用力就大。那么，你会想到，物体动量的变化可能取决于什么？

设计说明：充分调动学生的生活经验，激发学生基于已有认知的深入思考，同时把学生的学习与其生活紧密联系在一起。加入一个演示实验，使学生更直接地感知现象，分析和判断其中的关系。

焦点突破 采用如教材中的常见方法，由牛顿运动定律导出 $mv'-mv=F(t'-t)$，此处从略。

设计说明：采用常见方法即可。

知识表征与研讨

（1）由前面推出的表达式定义并讨论“冲量”概念。

（2）讨论表达式的物理意义，陈述并讨论动量定理。

设计说明：采用常见方法即可。

应用整合 （1）解释生活中相关的现象；（2）讨论教材中的例题；（3）课后思考题：比较动能定理与动量定理。

设计说明：应更多地与生活相联系；思考题意在引导学生对相似的物理规律进行比较，促进其知识的整合。

总的来说，物理规律的探究教学一般不宜采用直接的实验归纳方式，只要学生有相关的日常观察，有相关的经验认识，就应在教学中通过“诱导探究”激励学生的建构性思考，引发学生的已有认知，在不断深入的观察与思考中聚焦问题，然后再进行“焦点突破”。

在“促进认知发展的探究教学模型”中，“诱导探究”是一个极为重要的环节，它承载着多方面的教学功能：(1)从培养学生的物理学习方式方面看，“诱导探究”引导学生将物理学习与自己的日常观察及思考紧密地联系在一起，赋予物理学习以现实意义，促使学生深刻体验“从生活走向物理”的内涵，进而养成合理的物理学习方式；(2)从促进学生的认知发展方面看，“诱导探究”激励学生审视并表达自己的已有认知，进行渐次深入的定性或半定量观察，进行反复的构想与检验，真实地体验物理探究中的创造性思考与科学实证方法；(3)从激励学生对物理学科内容的理解方面看，“诱导探究”从学生的已有认知引发问题，由逐步深入的现象观察来深化并聚焦问题，从而增进学生对物理学知识的深刻理解。

除了上述案例外，我们在实践研究过程中还给实验教师提供了一些简明的探究教学设计建议。考虑到所在中学的实际环境与教学条件等因素，我们主要对一些关键环节（重点是“诱导探究”环节）提出处理意见，见附录 3~6，内容包括高一物理“机械能”“曲线运动”“动量”“万有引力定律”四章。需要说明的是，因为这部分工作主要是在实践研究的前期完成的，其中的教学环节的称谓与前文所用的略有差异，且其中一些设计在现在看来并不理想，但为保持当时研究的原貌，我们不再进行改动，敬请大家批评、谅解。

第七章 关于中学物理探究教学的建议

至此，本书关于促进认知发展的物理探究教学的论述告一段落，但我们的心情并不能就此轻松。这是因为本书提出的“促进认知发展的探究教学模型”仍处于待检验阶段，还需要经过大量教学实践的尝试和研究来进一步确认其合理性和有效性。目前略感欣慰的是，这一教学模型不仅鲜明地体现了概念转变以及建模教学的思想，而且与近年来日益兴起的“学习进阶”理论所主张的课堂教学(Furtak et al.,2012)有极好的契合度。为此，我们基于促进认知发展的物理探究教学研究，给我国中学物理探究教学提出一些建议。

一、中学物理探究教学设计与实施的建议

尽管中学阶段的物理知识大多是经过实证的科学结论，但是，从物理学发展的历史来看，这些知识的实际建立过程不是线性的实验归纳过程；从学生物理学习的实际表现及有关的理论研究来看，学生对知识的有效学习也不会是由简单的实验归纳所能实现的。因此，中学物理探究教学不应设计为线性实验归纳式的教学，即不应设计为以个别实验证实所学知识的正确性为宗旨的教学，而应设计为学生探究物理世界，建构自己对物理现象的解释，形成心智模型，并在逐步深入的观察、思考以及与他人的交流协商进程中转换心智模型的教学。当然，我们更不赞同忽视物理实验的教学方式。

新模型中的“诱导探究”环节有意识地让学生在日常观察、定性与半定量观察情境下进行意义建构，除了要驱动学生的认知发展外，也让学生体验反复的基于观察信息的构想，让他们分辨什么是可以作为证据的观察信息，什么是有待检验的构想，让他们由这样的探究过程体会和理解科学方法及科学本质。

这样的探究教学不仅对学生的知识学习更有效，而且能够激励学生主动思考，发展其思维能力以及创新意识和实践能力，尤其还能够使学生亲身体验一种与物理学家的科学研究更为接近的科学探究，由此真正地体会、合理地理解科学的方法与本质。因此，“促进认知发展的探究教学模型”的教学理念与操作程式值得借鉴。

二、中学物理教材编写的建议

从“促进认知发展的探究教学模型”的基本主张看，中学物理教材在两个方面需要改进：其一，教材编写不仅要展示物理知识的结构，还要展示物理知识所对应的问题结构，通过问题结构将相关知识的功能联系起来；其二，教材编写应尽力避免线性实验归纳倾向，要展示一种学生的渐次观察、反复解释、交流协商的探究进程。

三、中学物理教师培训的建议

在本书的教学实践研究中，我们看到实验教师具有明显的线性实验

归纳倾向，而且这种倾向还十分顽固，不经意间就会表现出来。我们在物理师范生的教学训练中也发现，师范生进行探究教学设计时也普遍表现出显著的线性实验归纳倾向，同样极难改变。那么，如何促使在职教师和职前教师改变观念呢？按照“促进认知发展的探究教学模型”的基本思想，应重视两条重要的途径：其一，要研究物理学家创建科学认识的实际认知进程，要将其实际的心理历程与其给出的阐述分别开来；其二，要让教师本人进行真实的具有一定难度的问题研究，通过亲历探究过程理解探究的本质。

四、中学物理探究教学评价的建议

考虑探究教学实践中以及职前教师教学设计中普遍存在的线性实验归纳倾向以及由此导致的形式化探究，物理探究教学评价应该关注科学探究的非线性特征，也就是要在教学评价中将学生已有经验的引发、多层次的基于观察信息的意义建构等纳入评价指标，从而引导中学物理探究教学向着更符合科学本质的方向发展。

参考文献

爱因斯坦,2008. 爱因斯坦晚年文集[M]. 方在庆,韩文博,何国维,译. 北京:北京大学出版社.

蔡铁权，姜旭英，胡玫，2009. 概念转变的科学教育［M］. 北京：教育科学出版社.

陈刚，舒信隆，2006. 新编物理教学论［M］. 上海：华东师范大学出版社.

陈琴，庞丽娟，2005. 科学探究：本质、特征与过程的思考［J］. 教育科学，21（1）：1-5.

陈艳，2004. 高中生建立物理模型的探究式教学实践与研究［D］. 南京：南京师范大学.

陈英和，1996. 认知发展心理学［M］. 杭州：浙江人民出版社.

封小超，王力邦，2005. 物理课程与教学论［M］. 北京：科学出版社.

伽利略，2006a. 关于托勒密和哥白尼两大世界体系的对话［M］. 周煦良，等译. 北京：北京大学出版社.

伽利略，2006b. 关于两门新科学的对话［M］. 武际可，译. 北京：北京大学出版社.

高文，2009. 学习科学的关键词［M］. 上海：华东师范大学出版社.

高潇怡，2007. 科学教育中的探究教学模式发展述评［J］. 外国教育研究，34（3）：76-80.

哥白尼，2006. 天体运行论［M］. 叶式辉，译. 易照华，校. 北京：北京大学出版社.

格兰特，2000. 中世纪的物理科学思想［M］. 郝刘祥，译. 上海：复旦大学出版社.

郭奕玲，沈慧君，1993. 物理学史［M］. 北京：清华大学出版社.

郭玉英，2004. 探究—建构式教学初探——科学教学中探究与知识建构的统一途径的探索［J］. 课程·教材·教法，24（1）：52-55.

何迎春，2008. 中学物理模型教学与创新能力培养［J］. 科技信息（3）：271-271.

金尚年,2007. 量子力学的物理基础和哲学背景[M]. 上海:复旦大学出版社.

靳玉乐，2005. 探究学习［M］. 成都：四川教育出版社.

科恩，2010. 新物理学的诞生［M］. 张天卜，译. 长沙：湖南科学技术出版社.

课程教材研究所，2001. 20 世纪中国中小学课程标准·教学大纲汇编：物理卷［G］. 北京：人民教育出版社.

李方，2002. 课程与教学基本理论［M］. 广州：广东高等教育出版社.

李济英，1999. 台湾科学教育［M］. 太原：山西教育出版社.

李新乡，张德启，张军朋，等，2005. 物理教学论［M］. 北京：科学出版社.

廖伯琴，2010. 初中物理教学策略［M］. 北京：北京师范大学出版社.

林静雯，邱美虹，2008. 从认识 / 方法论之向度初探高中学生模型及建模历程之知识［J］. 科学教育（307）：9-14.

林静雯，邱美虹，2009. 教 - 学序列研究对科学教学的启示［J］. 科学教育（323）：2-14.

林桐绰，1984. 谈谈中学物理的研究式教学方法［J］. 课程·教材·教法（5）：41-46.

刘力，2007. 新课程理念下的物理教学论［M］. 北京：科学出版社.

刘儒德，2005. 探究学习与课堂教学［M］. 北京：人民教育出版社.

骆炳贤，2001. 中国物理学史大系：物理教育史［M］. 长沙：湖南教育出版社.

吕云宾，2005. "探究—建构"式教学在物理教学中的理论与实践［D］. 长沙：湖南师范大学.

（美）国家研究理事会科学、数学及技术教育中心《国家科学教育标准》科学探究附属读物编委会，2004. 科学探究与国家科学教育标准——教与学的指南［S］. 罗星凯，等译. 北京：科学普及出版社.

（美）国家研究理事会，1999. 美国国家科学教育标准［S］. 北京：科学技术文献出版社.

梅森，1977. 自然科学史［M］. 上海外国自然科学哲学著作编译组，译. 上海：上海人民出版社.

牛顿，2001. 自然哲学之数学原理［M］. 王克迪，译. 西安：陕西人民出版社.

邱美虹，2008. 模型与建模能力之理论架构［J］. 科学教育（306）：2-9.

邱美虹，刘俊庚，2008. 从科学学习的观点探讨模型与建模能力［J］. 科学教育（314）：2-20.

曲亮生，郭玉英，1999. 国外物理教育工作者关于物理概念教学的研究［J］. 学科教育（6）：27–29.

人民教育出版社课程教材研究所物理课程教材研究开发中心，2006. 物理八年级上册［M］. 北京：人民教育出版社.

人民教育出版社课程教材研究所物理课程教材研究开发中心，2006. 物理［M］. 北京：人民教育出版社.

人民教育出版社课程教材研究所物理课程教材研究开发中心，2010. 物理［M］. 北京：人民教育出版社.

任长松，2005. 探究式学习——学生知识的自主建构［M］. 北京：教育科学出版社.

斯特弗，盖尔，2002. 教育中的建构主义［M］. 高文，徐斌艳，程可拉，等译. 上海：华东师范大学出版社.

苏刚，王盛君，杨青，等，1990. 皮亚杰理论与物理教学［M］. 哈尔滨：黑龙江科学技术出版社.

陶昌宏，2008. 高中物理教学理论与实践［M］. 北京:北京师范大学出版社.

田春风，2009. 中学物理课程中科学本质教育的研究［D］. 北京：北京师范大学.

王策三，1985. 教学论稿［M］. 北京：人民教育出版社.

王晶莹，2011. 科学探究论［M］. 上海：华东师范大学出版社.

王文静，2005. 情境认知与学习［M］. 重庆：西南师范大学出版社.

王文清，郭玉英，2009. 物理观察的建构特征及其对物理教学的启示——以“加速度”教学中的观察为例［J］. 物理教师（高中版），30（6）：1–2.

王文清，郭玉英，2014. 物理概念的探究教学设计——以“加速度”教学为例［J］. 物理之友，30（3）：1–3.

韦钰，ROWELL P，2005. 探究式科学教育教学指导［M］. 北京：教育科学出版社.

魏明通，1997. 科学教育［M］. 台北：五南图书出版公司.

邬小鹏，李志刚，2007. 多维假设与求证的探究教学［M］. 济南：山东教育出版社.

吴大猷，1997. 物理学的历史和哲学［M］. 金吾伦，胡新和，译. 北京：中国大百科全书出版社.

吴亮奎，2008. 什么样的教学是最有效的——与钟启泉教授商榷［J］. 教育科学研究（5）：8-11.

物理课程标准研制组，2002. 物理课程标准（实验稿）解读［M］. 武汉：湖北教育出版社.

辛培之，毅赫，1988. 有序启动式教学法教改实验阶段报告［C］// 中国教育学会物理教学研究会. 物理教学的新探索——全国物理教学研究会第二届年会论文选. 北京：人民教育出版社：51-88.

徐宁，2009. 基于认知模式转化的高中物理概念教学研究［D］. 北京：北京师范大学.

徐学福，2002. 科学探究与探究教学［J］. 课程·教材·教法（12）：20-23.

徐学福，2010. 探究学习教学策略［M］. 北京：北京师范大学出版社.

许国梁，1988. "启发式综合教学"实验研究的报告［C］// 中国教育学会物理教学研究会. 物理教学的新探索——全国物理教学研究会第二届年会论文选. 北京：人民教育出版社：1-23.

许荣富，1993. 科学知识心智模型与科学态度潜在特质之 Rasch 模型分析研究［J］.（台湾）师大学报（38）：111-155.

许荣富，洪振方，1993. 凸透镜成像的心理表征及潜在特质分析［J］. 科学教育学刊，1（1）：77-100.

亚里士多德，1982. 物理学［M］. 张竹明，译. 北京：商务印书馆.

亚里士多德，1999. 天象论·宇宙论［M］. 吴寿彭，译. 北京：商务印书馆.

阎金铎，郭玉英，2008. 中学物理新课程教学概论［M］. 北京：北京师范大学出版社.

查有梁，谢仁根，沈仁和，等，1996. 物理教学论［M］. 南宁：广西教育出版社.

张建伟，2008. 从"做中学"到建构主义——探究学习理论的轨迹与整合［M］// 高文，徐斌艳，吴刚. 建构主义教育研究. 北京：教育科学出版社：94-116.

张建伟，孙燕青，2005. 建构性学习——学习科学的整合性探索［M］. 上海：上海教育出版社.

张志康，林静雯，邱美虹，2009. 跨年级中学生串并联电路心智模式的研究［J］.

科学教育（317）：2-17.

赵峥，2008. 物理学与人类文明十六讲［M］. 北京：高等教育出版社.

郑朝阳，郭玉英，2006. 国外关于电学概念转化研究的新进展［J］. 物理教师，27（10）：47-49.

郑纪茂，2003. 中学物理探究式教学中的教育信息加工理论初探［D］. 福州：福建师范大学.

郑梅芳，2001. 物理模型在中学物理教学中的应用［J］. 物理通报（10）：17-18.

周朴华，李光林，2007. 课题式·学科式·拓展式——三式递进探究学习［M］. 济南：山东教育出版社.

周仕东，2008. 科学哲学视野下的科学探究教学研究［D］. 长春：东北师范大学.

朱正元，1978. 加强物理实验提倡自制教具［J］. 人民教育（1）：40-43.

FLICK L B, LEDERMAN N G, 2006. Scientific inquiry and nature of Science［M］. Dordrecht：Springer.

FREDERIKSEN J R, WHITE B Y, GUTWILL J, 1999. Dynamic mental models in learning science：The importance of constructing derivational linkages among models［J］. Journal of Research in Science Teaching, 36（7）：806-836.

FURTAK E M, THOMPSON J, BRAATEN M, et al., 2012. Learning progressions to support ambitious teaching practices［M］// ALONZO A C, GOTWALS A W. Learning progressions in science：Current challenges and future directions. Rotterdam：Sense Publishers：405-433.

GRECA I M, MOREIRA M A, 2002. Mental, physical, and mathematical models in the teaching and learning of physics［J］. Science Education, 86（1）：106-121.

HALLOUN I A, 1996. Schematic modeling for meaningful learning of physics［J］. Journal of Research in Science Teaching, 33（9）：1019-1041.

HALLOUN I A, 1998. Schematic concepts for schematic models of the real world：The Newtonian concept of force［J］. Science Education, 82（2）：

239–263.

HALLOUN I A, HESTENES D, 1987. Modeling instruction in mechanics [J]. American Journal of Physics, 55 (5): 455–462.

HAMMER D, 1995. Student inquiry in a physics class discussion [J]. Cognition & Instruction, 13 (3): 401–430.

HAMMER D, 1997. Discovery learning and discovery teaching [J]. Cognition & Instruction, 15 (4): 485–529.

HAMMER D, 2000. Student resources for learning introductory physics [J]. American Journal of Physics, 68 (7): S52–S59.

HESTENES D, 1987. Toward a modeling theory of physics instruction [J]. American Journal of Physics, 55 (5): 440–454.

HESTENES D, 1992. Modeling games in the Newtonian world [J]. American Journal of Physics, 60 (8): 732–748.

MINNER D D, LEVY A J, CENTURY J, 2010. Inquiry-based science instruction—What is it and does it matter? Results from a research synthesis year 1984 to 2002 [J]. Journal of Research in Science Teaching, 47 (4): 474–496.

POSNER G J, STRIKE K A, HEWSON P W, et al., 1982. Accommodation of a scientific conception: Toward a theory of conceptual change [J]. Science Education, 66 (2): 211–227.

SABELLA M, REDISH E F, 2007. Knowledge organization and activation in physics problem solving [J]. American Journal of Physics, 75 (11): 1017–1029.

SCOTT P H, ASOKO H M, DRIVER R H, 2003. "为概念转变而教" 策略综述 [J]. 郭玉英，卢俊梅，译. 物理教师，24 (5): 1–3; 24 (6): 1–4.

SHE H C, 2002. Concepts of a higher hierarchical level require more dual situated learning events for conceptual change: A study of air pressure and buoyancy [J]. International Journal of Science Education, 24 (9): 981–996.

SHE H C, 2004. Fostering radical conceptual change through dual-situated learning model [J]. Journal of Research in Science Teaching, 41 (2):

142-164.

SHE H C, LEE C Q, 2008. SCCR digital learning system for scientific conceptual change and scientific reasoning [J] . Computers & Education (51): 724-742.

SHEN J, CONFREY J, 2007. From conceptual change to transformative modeling : A case study of an elementary teacher in learning astronomy [J] . Science Education, 91 (6) : 948-966.

SNIR J, SMITH C L, RAZ G, 2003. Linking phenomena with competing underlying models : A software tool for introducing students to the particulate model of matter [J] . Science Education, 87 (6) : 794-830.

SUNAL D W, WRIGHT E L, 2006. The impact of state and national standards on K -12 science teaching [M] . Scottsdale : Information Age Publishing.

TUMINARO J, REDISH E F, 2007. Elements of a cognitive model of physics problem solving : Epistemic games [J] . Physical Review Special Topics-Physics Education Research, 3 (2) : 020101-1—020101-22.

WELLS M, HESTENES D, SWACKHAMER G, 1995. A modeling method for high school physics instruction [J] . American Journal of Physics, 63 (7) : 606-619.

附　录

附录1：“动量守恒定律”前测卷

课前测试：1~6 题每题 2 分，第 7 题 5 分，总分 17 分。

1. 见图 1，A 同学坐在船头，B 同学站在船尾，人与船均静止，处在水面上某一位置，如图中“初始状态”所示。这时，B 同学自船尾向后跳离，跳离很短时间 Δt 后，A 和 B 相对于原来的位置可能出现 a,b,c,d 四种情形。如果 A,B 及船三者的质量接近，且不考虑水和空气的阻力作用，你认为最有可能出现的是(　　)。

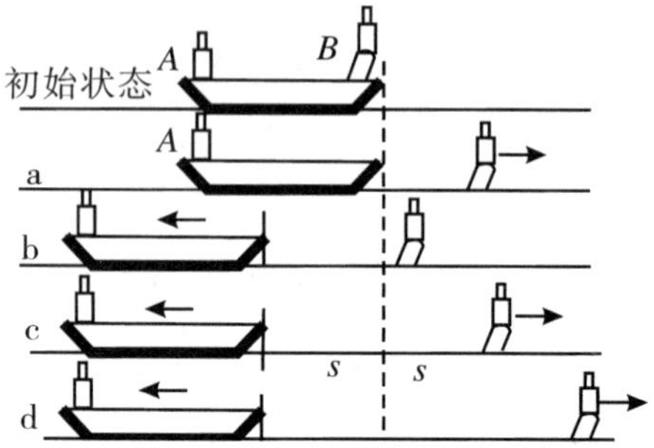

图 1

A. a　　B. b　　C. c　　D. d

生活现象：质量不同的甲、乙两同学在冰场滑冰，甲在乙的后面推着乙沿直线前进。在达到较大速度后，两人不再蹬冰，只靠惯性以某一共同速度匀速向前自由滑行。突然，甲使劲向前推乙，两人分离，并以不同的速度继续沿原直线向前自由滑行。(根据此生活现象，回答 2~4 题。)

2. 有一位高中二年级理科班的同学看到上述现象，他认为，如果把这两位同学看成一个整体（系统），那么在两人分离的过程中，这个整体（系统）的动量是守恒的。对于“整体（系统）的动量守恒”这一说法，你真实的看法是（　　）。

A. 在分离过程中，甲和乙的动量都保持不变

B. 在分离过程中，甲和乙的动量的大小之和总是不变的

C. 在分离过程中，甲和乙的动量的矢量和总是不变的

D. 上述说法都不对

3. 你认为，上题中高二同学做出判断的理由可能是（　　）。

A. 两位同学都在一条直线上运动

B. 两位同学都在水平直线上运动

C. 两位同学组成的系统所受冰面的摩擦力以及两人之间的相互作用

力都沿运动方向

D. 两位同学组成的系统与冰面的摩擦力可以忽略不计

4. 用矢量表示动量的大小和方向，其中 A,B,C,D 四图中，每个图上面的两个矢量表示两位同学分离前的动量，下面的表示分离后的动量；左侧的表示后面一位同学的动量，右侧的表示前面一位同学的动量。假如前述高二同学的说法是合理的，那么，下面哪一个图比较合理地描述了甲、乙同学分离过程的动量变化关系？（　　）

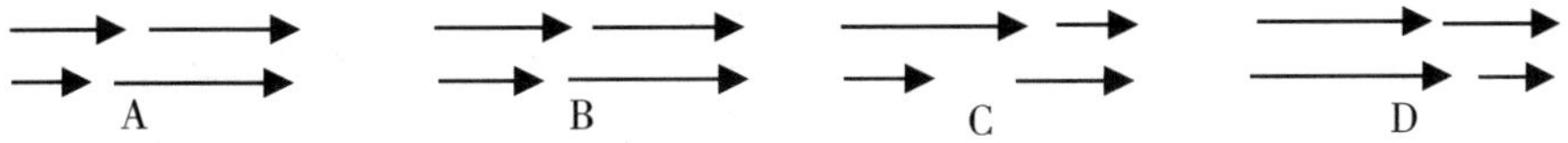

5. 两个物块的质量分别为 M 和 m，在同一条水平线上运动而相碰；相碰之前，速度大小分别为 V 和 v，相碰后速度大小分别为 V' 和 v'，方向如图 2 所示。如果两个物块组成的整体在相碰过程中满足条件而动量守恒，那么下面关系式中可能合理的是（　　）。

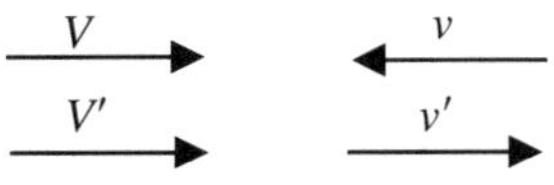

图 2

A. $MV' = MV$ 和 $mv' = mv$　　B. $MV' + mv' = MV + mv$

C. $MV' + mv' = -MV - mv$　　D. $MV' + mv' = MV - mv$

6. 如图 3 所示，在不光滑桌面上静止放置一个木块，一颗子弹水平射入木块，并进入木块一小段距离，而木块也向前移动一段距离。这一过程中，在水平方向上，木块受子弹的作用力 F_1 和地面的摩擦力 f_1，子弹受木块的作用力 F_2。按你的理解，对于木块和子弹组成的整体（系统），上面 3 个力中哪些是内力？哪些是外力？答：______________________________。

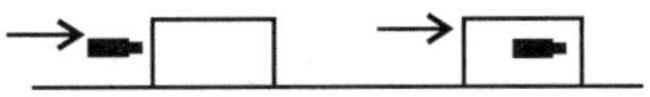
图 3

7. 如图 4 所示，质量为 M、m 的两个物块在水平光滑平面上沿同一直线同向运动，速度分别为 v_1 和 v_2，且 v_1 大于 v_2。M 追上 m 后二者粘在一起，共同速度为 v。这样，两个物块的动量都发生了变化。请问这两个物块的动量变化有什么规律？请用已经学过的知识进行论证。

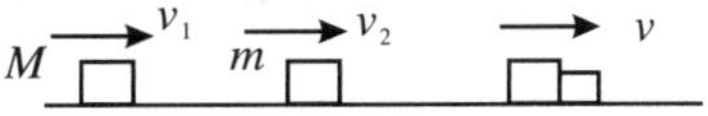

图 4

附录2："动量守恒定律"后测卷

课后测试：1~5 题每题 2 分，6~10 题每题 5 分，总分 35 分。

1. 一同学站在小船的船头，与船一起静止，处在某一位置，如图 1"初始位置"所示。该同学由船头走向船尾，则相对于原来的位置，可能出现 a,b,c,d 四种情形。如果小船的质量比该同学的质量大，且不考虑水和空气的阻力作用。请问，这四种情形中，哪几个是可能的？（　　）

A. a　　B. b

C. c　　D. d

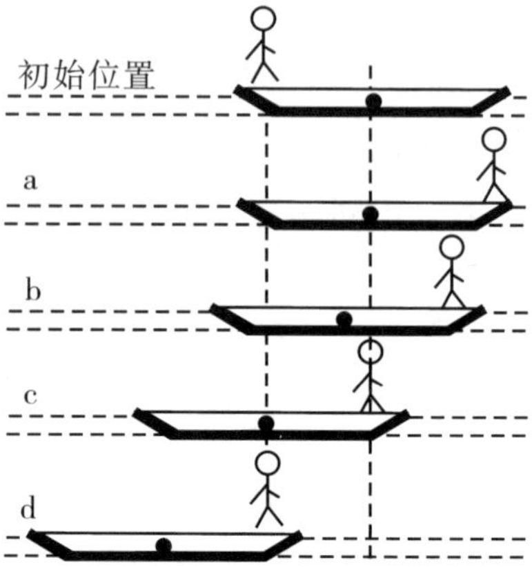

图 1

2. 学完"动量守恒定律"，我们就可以从不同角度来理解它。请问，以下与"动量守恒定律"相关的表述中，哪些是正确的？（　　）

A. 一个系统不受外力或者所受外力之和为零，则这个系统中所有物体的动量大小之和保持不变

B. 一个系统不受外力或者所受外力之和为零，则这个系统中所有物体的动量的大小和方向均保持不变

C. 一个系统不受外力或者所受外力之和为零，则这个系统中所有物体的动量的矢量和保持不变

D. 以上表述都不正确

3. 请判断，以下说法中正确的是（　　）。

A. 两个物体在光滑的倾斜直线轨道上相碰，则它们的总动量守恒

B. 两个物体在光滑水平面上相碰后粘在了一起，则它们的总动量不守恒

C. 两个物体在不是很光滑的水平面上剧烈相碰，则可以近似认为它们的总动量守恒

D. 两个物体在光滑水平面上与第三个物体相碰，则那两个物体的总动量也守恒

4. 两个物体相互作用后总动量守恒。图 2 所示 a,b,c,d 中，各矢量表示动量的大小和方向。其中，每个图上面的两个矢量表示作用前的动量，下面的表示作用后的动量；左侧的表示甲物体的动量，右侧的表示乙物体的动量。请问，其中可能合理的是（　　）。

A. a　　　B. b　　　C. c　　　D. d

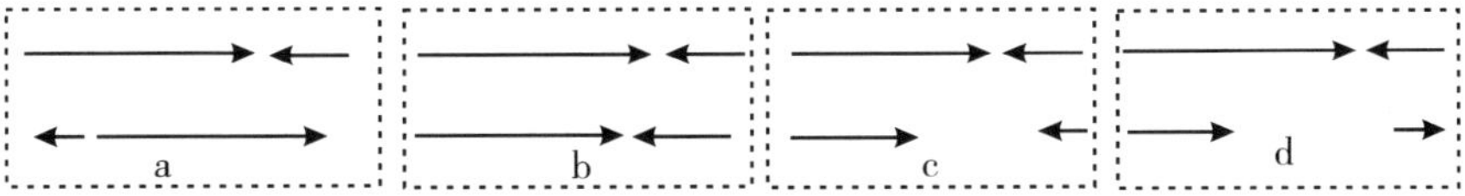

图 2

5. 两个物块的质量分别为 M 和 m，在同一水平直线上运动而相碰；相碰前速度分别为 V 和 v，相碰后速度分别为 V' 和 v'，方向如图 3 所示。如果两个物块组成的系统在相碰过程中满足条件而动量守恒，那么下面关系式中正确的是（　　）。

图 3

A. $MV'-mv'=-MV+mv$　　　B. $MV'+mv'=MV+mv$

C. $MV'+mv'=-MV-mv$　　　D. $-MV'+mv'=MV-mv$

6. 如图 4 所示，在不光滑的桌面上，木块 M 和 m 沿同一直线分别以速度 v_1,v_2 向右运动，M 追上 m 后二者发生碰撞并粘在一起继续运动。请问，对于两木块组成的系统，在二者碰撞的过程中，内力有哪些？外力有哪些？

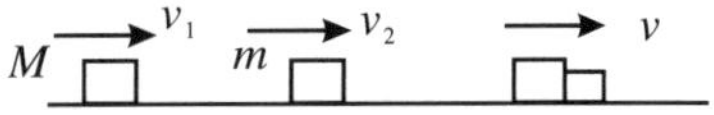

图 4

7. 试以同一水平直线上运动的两个小球的相互作用过程为例，推证动量守恒定律。

以下3题有较大难度，我们不要求大家一定要解出答案，但特别希望你写出你能做出的任何分析和推断，只要合理，即可得分。

8. 质量为3kg的小球A在光滑水平面上以6m/s的速度向右运动，恰遇上质量为5kg的小球B以4m/s的速度向左运动，二者发生正碰，且B球恰好静止。求碰撞后A球的速度大小及方向。

9. 一列车的总质量为M，在平直轨道上以速度v匀速行驶，突然最后一节车厢（质量为m）脱钩，假设列车所受的阻力与质量成正比，而牵引力不变，当最后一节车厢刚好静止时，前面列车的速度多大？

10. 如图5所示，甲、乙两船质量均为M，一前一后静止在水面上，质量为m的人开始时静止在乙船上。此人先跳至甲船，再立即跳回乙船，这时两船速率之比($v_{甲}:v_{乙}$)等于多少？

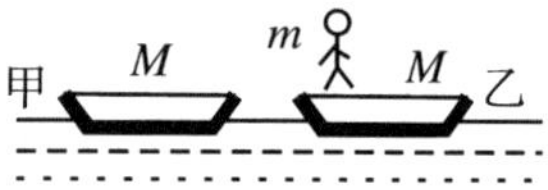

图5

附录3："机械能"一章备课建议

"机械能"备课建议

研究主题 如何用"能量（机械能）"观念解释物体的机械运动？

问题结构 （1）力学问题的核心：对物体的机械运动进行描述、解释和预测。

（2）前面六章所研究的问题：（除了描述机械运动、研究几种力的作用外）用"力"的观念解释机械运动——物体受力导致速度变化，产生加速度；由初始状态和加速度可确定物体的运动。也就是知道物体的初始状态和受力情况，原则上就可以确定物体任意时刻的运动情况。

（3）本章解决的问题："力"的观念的局限性。结合示例简单讲解，让学生初步体验 $F=ma$ 是瞬时关系。在某些过程中，如果"力"不是恒量，要解决一段时间内的运动问题，会在数学处理上遇到极大困难；不同的物理现象（如机械运动现象与热现象）之间难以由"力"的概念联系起来。

（4）本章问题：如何用"能量（机械能）"概念解释机械运动？涉及哪些概念？有哪些规律？这些规律在怎样的条件下才能成立？

第一节 功

焦点问题 （1）（作为一章的引入）"力"的观念的局限性。

问题定位 （1）教师引导论述"问题结构"中的（1）和（2）（用时 1 ~ 2 分钟）。（2）给学生提出问题："我们为什么要学习'机械能'？""用'力'的观念和方法解释机械运动现象，有什么不足（或可能遇到什么困难）？"

定性探究 让学生简单地表述自己的看法，但不强求，主要是让他们意识到这些问题，将新知识的学习与已有知识联系起来。

焦点突破 （1）演示单摆实验，引导学生发现"摆动高度相等"的特征，这一特征如何用"力"的观念、方法来解释？——方式与困难；进一步引导出新的问题："摆动高度相等"的特征表明，在这个摆动过程中有某种守恒量存在，它是什么呢？在什么情况下有这种守恒关系？（不要求学生回答）（2）学生操作：用自己的手背相互摩擦。问：有什么感觉？摩擦的动作与产生的热量有关系吗？手的"机械运动现象"与"产生热的现象”之间由什么来联系？

知识表征 讨论结论：（1）用“力”的观念和方法解释机械运动现象存在困难和不足，力学现象中还有新的规律有待我们去探究，其中，能量规律的探究是一个重要方面；（2）能量概念有助于我们将不同的物理现象联系起来。（以上用时6分钟）

（引导语言：要研究能量的规律，首先要建立一些相关概念，如初中已经学习过的功、动能、势能等。本节学习“功”。）

焦点问题 （2）“功”的概念及计算。

问题定位 由初中知识可知，物体能量的变化是与力对物体所做的功有关的。因此，我们需要先建立“功”的概念，并定量地量度、计算“功”。

定性探究 请学生分别列举做功、不做功的实例，并说明为什么做功，做了多少功，或者为什么不做功？（考查学生对 $W=Fs$ 的理解；尽量让学生画图。）（用时8分钟）

焦点突破 （1）设计一个具体情境，其中某个力 F 与物体位移方向不平行；画出情境图（对象、过程、受力、位移、角度等）；重点求解力 F 所做的功。

（2）引导学生探讨问题的解决：方法1——将 F 分解；方法2——将 s 分解。

知识表征 公式：$W=Fs\cos\alpha$。对应情境图。（用时8分钟）

拓展研讨 （1）单位。（2）公式 $W=Fs\cos\alpha$：① α 的确定，以及 α 的不同取值所对应的功（包括正功、负功）——比原公式 $W=Fs$ 的适应力更强（结合实例讨论）；②适用于求恒力的功（引出的问题：变力做功，特殊情况下的力所做的功。可在后续课讨论）；③合力所做的功（结合实例讨论）；④ W 是过程量（结合实例说明），是力对空间的累积效应（可在后续课说明）；⑤ W 是相对量（位移 s 与参考系有关，所以 W 也与参考系有关。可在后续课讨论）。（用时8分钟）

情境应用 针对重点以及前测发现的典型问题，选择典型情境，求某些力在一定物理过程中所做的功。（用时8分钟）

第二节 功率

焦点问题 （1）如何衡量做功的快慢？

定性探究 提问：按照自己的理解，可以怎样衡量做功的快慢？

焦点突破 列举情境和数据，引导得出 $P=W/t$。

知识表征 略。

拓展研讨 置后。

情境应用 置后。

焦点问题 （2）功率与 F,v 的关系？

定性探究 提问：我们能不能由 $P=W/t$ 和已有相关知识演绎出新的关系式？所做推导的前提条件是什么？让学生发表见解。

焦点突破 学生可能推出 $P=Fv$ 或 $P=Fv\cos\alpha$；集中讨论前者，强调条件。

知识表征 在特定条件下：$P=Fv$。

拓展研讨 提问：这些新的关系式应如何理解？引导学生举例讨论，归纳出：（1）平均功率（$P=W/t$，$P=F\bar{v}$）；瞬时功率（$P=Fv$）。（2）P,F,v 三者的关系。

情境应用 典型题目练习。

第三节 功和能

焦点问题 （1）什么叫能量？（2）功和能之间有什么关系？

问题定位 我们已经解决了“功”的概念和计算问题。那么，如何理解“能量”？能量与功之间有什么关系？（可尝试启发学生提出这样的问题）

焦点问题 （1）什么叫能量？

定性探究 让学生举例说明自己所理解的能量概念、能量的不同形式。

焦点突破 针对学生讨论，结合实例说明能量的概念、形式。

知识表征 略。

拓展研讨　略。

情境应用　略。

焦点问题　（2）功和能之间有什么关系？

定性探究　提问：就你的理解，你认为功和能之间有什么关系？（让学生表述自己的理解，而不是背诵书本上的结论！从中了解学生存在的已有认识，鉴别合理认识和不合理认识，作为下一步教学的基础。）

焦点突破　结合实例，分析做功情况和物体的能量变化以及物体间能量的传递或转化。

知识表征　引导学生归纳：在一定物理过程中，力对物体做功会导致该物体的能量变化，实质上也是物体间能量的传递或转化；力对物体做多少功，就会有多少能量的变化；所以，功是能量变化的一种量度方式。

拓展研讨　引出有待研究的新问题：各种力对物体所做的功，会导致物体的什么能量发生变化？或者说，物体的某种能量的变化，与哪些力对物体所做的功有对应相等的关系？

情境应用　无。

第四节　动能　动能定理

焦点问题　（1）物体动能的大小如何量度？（2）物体动能的变化与哪些力对物体所做的功对应相等？

问题定位　为研究功和能的关系，我们先研究：物体动能的变化与哪些力对物体所做的功对应相等？为此，需要先解决问题：物体动能的大小如何量度？

焦点问题　（1）物体动能的大小如何量度？

定性探究　提问：（1）物体的动能与哪些因素有关？（学生举例说明即可）（2）你能想出一种办法来定量地衡量动能的大小吗？

焦点突破　对如何衡量动能的大小，由上一节"功和能"给出提示：如果一个力对物体做了功，并只导致物体的动能发生了变化，那么这个功就会等于某个量的变化（差值），而这个量就能定量地表示动能。

设置一个情境（如教材上的），画出情境图，进行推导，得出结果，

讨论确定 E_k 的定义式。

知识表征 $E_k=mv^2/2$

拓展研讨 （1）动能与 m, v 的关系？（2）动能的单位是什么？

情境应用 一个简单计算。

焦点问题 （2）物体动能的变化与哪些力对物体所做的功对应相等？

定性探究 请学生对前面推出的关系式的物理意义进行解释。（多人表达多种见解）

焦点突破 在学生解释基础上，重点讨论：（1）W 代表什么？关系式怎么解释？（2）将 W 写成 Fs 的话，F 和 s 分别代表什么？关系式怎么解释？

知识表征 写出动能定理关系式。

拓展研讨 小结前面的讨论，强调要点。

情境应用 运用两个例子初步体验动能定理解决问题的优点、方法和步骤：（1）教材例题；（2）摆球在最低点的速度。教学要点：（1）比较牛顿定律，体会动能定理的优点。（2）解题方法：情境描述（示意图）与分析——对象、过程（过程中的受力情况、做功情况）、状态（初态、末态的速度、动能）；做功与动能变化的关系——动能定理关系式；求解、讨论。

第五节　重力势能

焦点问题 （1）物体重力势能的大小如何量度？（2）物体重力势能的变化与哪些力对物体所做的功对应相等？

问题定位 我们已经研究了物体的动能以及物体动能的变化与哪些力对物体所做的功对应相等（可引导学生回忆、表达）。现在研究重力势能以及重力势能的变化。

焦点问题 （1）物体重力势能的大小如何量度？

定性探究 提问：你了解哪几种势能？（重力势能、弹性势能）物体怎样才能具有势能？你认为物体势能的变化必然会伴随哪些力做功？

焦点突破 引导语：由此看来，势能变化总是与重力或弹力所做的功有关。那么，这些力做功有什么特点？我们现在研究重力做功的特点。

如图1，将质量为 m 的小球由 A 点移动到 B 点可以经过不同的路径，如 AB,ACB,ADB 等，在几种不同路径中，重力所做的功有什么不同吗？

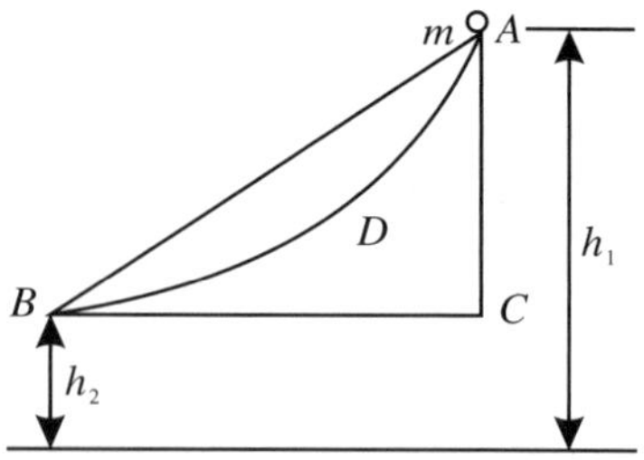

图 1

结果：均为 $W_G=mgh_1-mgh_2$。

结论：重力做功与路径无关，等于物理量 mgh 的差值。

根据初中的知识，物体的重力势能与哪些因素有关？

根据前几节的知识，做功将导致什么物理量的变化？

那么，我们可以如何理解 mgh 这个物理量？

知识表征 定义重力势能：$E_p=mgh$。

拓展研讨 （1）单位。

（2）重力做功与重力势能的关系——推广到其他势能[焦点问题（2）]。

提问：你如何理解 $W_G=E_{p1}-E_{p2}$？如何理解 $W_G=-(E_{p2}-E_{p1})=-\Delta E_p$？

陈述：这种关系对任何势能都是一样的，比如……

（3）重力势能的相对性。

提问：你现在的重力势能是多少？桌子上一个物体的重力势能是多少？（引出势能参考平面后）以我们班的地板为参考平面，二楼、一楼同学的重力势能是多少？

弹性势能或势能（位能）教学时应强调：（1）弹力做功与路径无关，弹力所做功与弹性势能的关系；（2）物体的势能取决于相互作用物体间的相对位置。

情境应用 贯穿在上面求重力势能的问题中。

第六节 机械能守恒定律

焦点问题 物体的机械能的不同形式可以相互转化吗？在相互转化过程中有什么规律？这些规律成立的条件是什么？

问题定位 我们前面给出了动能和势能的定义式，还推导出了动能定理以及重力势能与重力做功的关系。物体往往同时具有动能和重力势能。那么，物体的机械能会在怎样的特定条件下有新的规律？

定性探究 观察1：教材上的摆球实验现象。

提问：看到了什么？（向下时速度增加，向上时速度减小；似乎总摆到等高的地方）你如何解释？（动能与势能可以相互转化，“转化”是什么意思？现象中似乎机械能守恒，“守恒”是什么意思？）

让学生观察稍长时间，提问：总摆到等高处吗？机械能还守恒吗？想要总摆到等高处，可能需要什么条件？

观察2：小球在斜面上由静止滚下。

提问：过程中小球的机械能发生转化吗？守恒吗？

聚焦问题：机械能守恒的条件是什么？

焦点突破 物体的动能和势能是可以相互转化的，那么，在什么条件下才能守恒？有兴趣的同学可以课后用动能定理和重力势能与重力（或弹性势能与弹力）做功的关系进行推导。此处，我们在下面三种情形下进行推证，以找出机械能守恒的条件。

情形1：落体运动中，物体的机械能是否守恒？（见教材）

情形2：如图2。

质量为m的小球由高度为h_1的A点以初速度v_1沿光滑斜面滚下，到达高度为h_2的B点，速度为v_2。

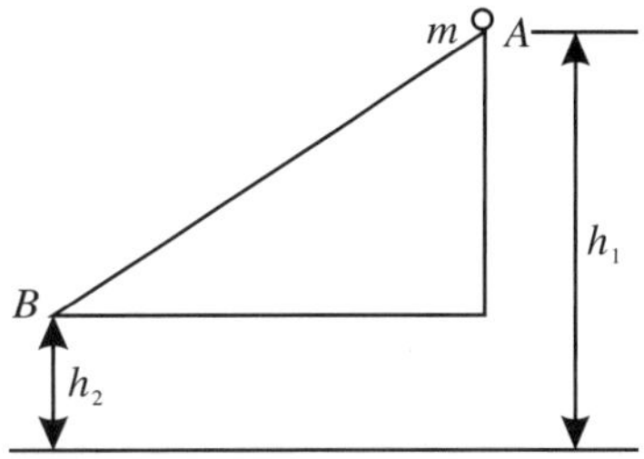

图2

问：请推导，小球的机械能是否守恒？

情形3：若情形2中的斜面不光滑，推证物体的机械能是否守恒。

提问：比较三种情形，你认为机械能守恒的条件是什么？推广到更一般的情况，应该如何？

知识表征 讨论：只有重力做功的含义；推广到动能与弹性势能转化的情况；机械能守恒的条件、公式。

拓展研讨 讨论：为什么机械能守恒要求除了重力、弹力之外，其他力不做功（或所做功的代数和为零）？（可在后续课进行）

情境应用 看时间安排。

第七节 机械能守恒定律的应用

焦点问题 （1）对定律内涵的理解；（2）运用定律解决问题的策略。

定性探究 每一道题目，都要让学生作图定性分析、讨论（并表述）：研究对象、状态、过程、过程中研究对象的受力情况及各力的做功情况、功和能的关系、能量变化等。

焦点突破 在定性分析基础上建立关系式；解题；讨论；反思结果；反思解题策略。

知识表征 机械能守恒定律解题策略。

拓展研讨 贯穿在解题过程中。

情境应用 新情境的问题。

可选教材上的题目，增加的例题尽可能接近学生生活。

附录4：“曲线运动”一章备课建议

“曲线运动”备课建议

问题定位

本章研究主题：牛顿运动定律对物体的曲线运动做出描述、解释和预测。

本章问题结构：力学问题的核心——对物体的机械运动进行描述、解释和预测。

（前面几章解决的问题：典型直线运动的描述——运动学；典型直线运动的解释和预测——动力学。）

本章解决的问题：如何定性地描述和解释曲线运动？如何定量地描述和解释几种典型的曲线运动？

第一节 曲线运动

焦点问题 （1）曲线运动的运动学特征是什么？

定性探究 安排学生探讨问题：曲线运动有哪些特征？比如，运动轨迹（曲线）、位置的确定（二维或三维）、位移大小与距离的关系（不等），等等，引导到重点问题——曲线运动的速度、加速度特征。

焦点突破 引导学生探讨问题：速度的方向如何确定（重难点，需要引导学生运用牛顿第一定律分析多个现象），速度变化特征（方向总是变化的），加速度特征（必不为零；Δv 矢量图）。

知识表征 启发学生概括要点。

拓展研讨 可略。

情境应用 安排若干练习。

焦点问题 （2）曲线运动的动力学原理是什么——物体为什么会做曲线运动？

定性探究 安排学生探讨上面的问题，初步得出：物体所受合外力与物体的速度方向不在一条直线上时，将会使物体的速度方向发生改变。引出关键问题——更具体地，合外力如何改变物体运动的速度大小和方向？

焦点突破 引导学生探讨关键问题（启发学生，将合外力分解为与速度垂直的分量和与速度平行的分量），得出：当合外力方向与速度方向在一条直线上时，合外力产生的加速度与速度在同一条直线上，只会改变速度的大小，不会改变速度的直线方向；当合外力方向与速度方向垂直时，合外力产生的加速度方向与速度方向也垂直，只会改变速度的方向，不会改变速度的大小；当合外力方向与速度方向有一个不为0°和90°的夹角时，合外力产生的加速度方向与速度方向也有此夹角，加速度的垂直分量将改变速度的方向，而加速度的平行分量将改变速度的大小。

知识表征 启发学生概括要点。

拓展研讨 由物体的初始状态和受力特点，可以判定物体的运动趋势——决定论的观点。也可以略去。

情境应用 安排若干练习。

第二节 运动合成与分解

问题定位 曲线运动是一种复杂的运动，要描述和解释这种复杂的运动，该怎么办呢？能不能将复杂的运动分解为几个简单运动分别加以研究，然后再判断其实际的总体运动？

焦点问题 如何将复杂运动分解为几个简单运动？如何将几个简单运动合成为一个复杂运动？

定性探究 安排学生探讨曾经学习过的问题——船在河水中的运动（船的顺水速度、逆水速度与其静水速度、水流速度的关系）。再让学生讨论（主要看学生如何理解、解决这类问题，以聚焦问题的关键和难点）：如果要让船由此岸到达彼岸，且保持船头始终指向河的对岸，那么船的实际运行路线、速度大小与方向各如何（画出示意图，主要是听取学生的见解，结论在后面探究之后给出）？

焦点突破 在定性探究的基础上，引导学生探讨关键和难点问题——两个相互垂直的运动如何合成和分解？

探究1：讨论两个相互垂直的匀速直线运动的合成与分解（演示教材上的实验，或设想一个类似情境：如一位同学水平匀速前进，同时其后背上有一只毛毛虫匀速向上爬），由此引出分运动（位移、速度）、合运动（位移、速度）等概念，并探讨分运动量与合运动量之间的关系——运动的合成与分解。顺便解决前面的渡河问题。

探究2：一个匀速直线运动与一个垂直方向的匀加速直线运动的合成（参见教材：通过图像，先描述两个分运动，再合成合运动）。

知识表征 启发学生概括。

拓展研讨 可略；或作一些简单概括：联系力的合成与分解，概括矢量的合成与分解。

情境应用 安排若干练习，理解运动合成与分解的思想与方法。

第三节 平抛物体的运动

问题定位 运用牛顿运动定律以及上一节“运动合成与分解”基本原理，描述和解释一种常见的、主要的曲线运动——平抛运动。

焦点问题 何谓平抛运动？如何解释平抛运动？平抛运动的规律是什么？

定性探究 （在借助实例引入“平抛运动”概念后）安排学生探讨问题：平抛运动的轨迹是怎样的？你如何解释它是这样的轨迹（定性地分解和合成）？

焦点突破 （1）引导学生探讨问题：你如何检验前面的解释是否合理？（提出实验方案，演示实验或通过图形、动画介绍，呈现频闪照片，分析频闪照片。应另外安排一节学生实验。）

（2）定量讨论平抛运动的规律：坐标系的建立，某时刻位置的确定，某段时间内位移的确定，某时刻速度（大小、方向）的确定，加速度的确定。

知识表征 引导学生概括。

拓展研讨 教材“思考与讨论”。

情境应用 教材习题——注意物理情境的分析。其他问题通过习题课解决。

第四节 匀速圆周运动

问题定位 运用牛顿运动定律以及第二节“运动合成与分解”基本

原理，描述和解释又一种常见的、主要的曲线运动——匀速圆周运动。

焦点问题　何谓匀速圆周运动？如何描述和解释匀速圆周运动？匀速圆周运动的规律是什么？本节解决的问题是匀速圆周运动的概念及其描述。

定性探究　安排学生探讨问题：你认为，如果物体做匀速圆周运动，那么这种运动会具有什么运动学特征（如，轨迹、位移大小与路程、速度甚至加速度等，看学生能考虑到哪些）？然后将焦点问题引导到“匀速圆周运动快慢的描述”上面。

焦点突破　引导学生探讨焦点问题：（1）你能用什么方法描述匀速圆周运动的快慢？（由此引入线速度、角速度、周期与频率）（2）线速度、角速度、周期与频率之间有什么关系？

知识表征　启发学生概括各知识点。

拓展研讨　可略；可在学习线速度、角速度之后，比较这两个速度的物理意义的异同。

情境应用　可探讨变速自行车上由车链连接的中轴上飞盘和后轴上飞轮边缘各点的线速度、角速度、周期、频率等。其他习题。

第五节　向心力　向心加速度

问题定位　上一节描述了匀速圆周运动的运动学特征，建立了线速度、角速度、周期与频率等概念。

焦点问题　探讨匀速圆周运动的动力学原理。

定性探究　安排学生探讨问题：你认为，做匀速圆周运动的物体所受合外力是否为零？如果不为零，它会有什么特点？（陈述理论依据，或事实依据）由此引入向心力概念。然后，可让学生“感受向心力”（参见教材），初步体验向心力的存在，以及向心力与运动特征量之间可能存在的关系，再将问题关键聚焦在“向心力与哪些运动特征量有关？有怎样的关系？”。

焦点突破　引导学生探讨问题：如何解决上述问题？引导学生大致设计、了解两种研究方法：方法1——先实验探究，再理论解释（如教材所用方法）；方法2——先理论推断，再实验检验（先推导向心加速度公式，再由牛顿第二定律得出向心力公式）。

若选择方法1，则向心力与运动特征量的关系如何？向心加速度如何？若选择方法2，则匀速圆周运动的向心加速度如何（参见教材，由加速度的定义推出）？向心力与运动特征量的关系如何（由牛顿第二定律推出）？如何检验（如教材中的实验）？

知识表征 启发学生概括。

拓展研讨 向心力公式不只适用于匀速圆周运动，也适用于非匀速圆周运动的任何一个时刻或位置，这时，F 为物体在该位置所受各外力的法向分量的代数和，v 为物体在该位置的线速度，r 为圆周半径，m 为物体质量；结合直线运动，深化对动力学原理的理解。

情境应用 少量简单例题，主要内容留给后续课程。

第六节 匀速圆周运动的实例分析

问题定位 本节将运用前一节知识来分析、解决几种不同情境下的匀速圆周运动问题。

焦点问题 如何解决匀速圆周运动问题？（重点在于问题解决策略、方法的学习）

情境应用 教学要点：探究问题中的物理情境，运用物理观念对物理情境进行分析，选择适当的物理模型，进行逻辑的推理判断和求解，对解决问题的策略进行反思。

本节习题教学，可将“火车转弯”和“汽车过拱桥”设计成几个问题，让学生做适度开放的讨论。如前者——火车轨道在转弯的地方总是外侧高、内侧低，这是为什么呢？

当学生做了初步思考和表达之后，可引导学生按合理的步骤进行分析和解决。

首先，要进行情境描述和分析：研究对象是什么？相关物理过程是什么？该过程中，物体的运动情况（圆周运动的轨迹及其所在平面、圆心与半径、速度等）如何？该过程中，物体的受力情况（受哪些力、这些力在该过程中变还是不变、如何变化等）如何？

接着，启发学生定性地解释该物体运动的动力学原理（哪些力提供向心力而使物体做怎样的圆周运动）。

然后，定量解决问题——选择物理模型（匀速圆周运动模型、非匀速圆周运动模型）：如果是匀速圆周运动模型，则任选一个状态对研究对象做受力分析，建立坐标系，进行力的正交分解，列方程；如果是非匀速圆周运动模型，则根据题目要求确定所要研究的状态，再对研究对象做受力分析，建立坐标系，进行力的正交分解，列方程。

之后，由所列关系式初步判断是否可解，是否需要寻找其他关系式，再进行推理、运算，解出答案。

最后，对解题的结论进行讨论，对解题的策略、方法进行反思、总结。

教材中，"火车转弯"只做定性分析，是否做定量研究，请根据考纲决定；"汽车过拱桥"只定量研究最高点、最低点的关系，实际属于非匀速圆周运动模型。

实际教学中，可以考虑在"火车转弯"之后增加"圆锥摆"一例，以强化匀速圆周运动模型；如果时间允许，可在"拱桥"后面增加"摆锤"一例，以强化非匀速圆周运动模型。

第七节　离心现象及其应用

问题定位　我们已经可以解释物体的匀速圆周运动，那么如何解释与圆周运动相关的一类现象——离心现象？

定性探究　安排学生探讨问题：一个水平放置的圆盘，可绕中心的垂直轴转动；在圆盘上某处放一块橡皮，当圆盘转动较慢时，橡皮可随着圆盘转动而不发生相对于圆盘的滑动；如果橡皮与圆盘之间的摩擦突然消失，橡皮的运动怎样变化？如果逐渐加大圆盘的转动速度（摩擦依然存在且不变），橡皮的运动可能会怎样变化？为什么会出现这种变化？

上面的讨论主要为了让学生表达已有认识（如"离心力"错误概念），重要的是让多个学生表述自己的意见，所以，这里只小结学生的不同见解，聚焦问题的关键和难点，而合理的分析、推断是下一环节的任务。

当问题有较大难度时，可以考虑组织小组讨论。

焦点突破　引导学生合理分析、解释前面的关键问题，突破难点。

知识表征　启发学生概括要点。

拓展研讨 可略。

情境应用 “离心运动的应用和防止”（见教材内容）。要让学生主动发表见解，相互交流意见，再引导他们取得共识。

附录5："动量"一章备课建议

"动量"备课建议

研究主题 如何用"动量"观念解释物体的机械运动？

问题结构 （1）由"力"的观念解释物体的机械运动。

（2）由"能量"观念解释物体的机械运动。

（3）本章由"动量"观念解释物体的机械运动。为什么引入新的观念？

考察实例：两位同学穿上冰鞋面对面静止站立在冰面上，然后一位同学推开另一位同学，假如他们的质量分别为 m_1 和 m_2，那么他们的速度将分别是多少？（两人推开时，与冰面的摩擦可以忽略。）

用"力"的观念解决所遇到的困难——两人接触的时间短暂，相互作用力变化复杂，难以运用牛顿第二定律。

用"能量"观念解决所遇到的困难——接触过程中，两人构成的系统的机械能并不守恒；用动能定理时，因为相互作用力是变力，而变力的功难以计算。

在解决碰撞、击打、爆炸一类问题时，常常会有上述的困难。是否还有新的物理规律存在呢？我们需要引入哪些新的物理概念并能发现哪些新的物理规律呢？

第一节 冲量和动量

焦点问题 如何"发现" Ft 和 mv 的特殊性以建立冲量与动量概念？

问题定位 运用"力"的观念、"能量"观念解决力学问题遇到困难时，我们需要运用已有的概念、规律探究力学现象中的新特征，建立新的概念和规律。本节先建立两个核心概念——冲量和动量。

焦点问题 （1）建立冲量概念。

定性探究 定性地理解力与力的作用时间对定质量物体速度改变的影响。

在生活中，我们经常会看到熄火的机动车（如，农用四轮车）需要人推动并达到某一个速度，就可以帮助司机重新发动车辆。如果要把一辆质量为 m 的四轮车由静止推到速度 v，一两个人推和五六个人推，会有什么不同？（前者作用力小，需要时间长；后者作用力大，需要时间短。）

结论：……

焦点突破 定量地推演 Ft 这一乘积的特殊意义。

问题1：一个质量 m 不变的物体，要由静止获得速度 v，将由什么来决定？

推演：…… 得出 $Ft=mv$。

问题2：如何理解关系式 $Ft=mv$？

结论：一个质量 m 不变的物体，要由静止获得速度 v，将由它所受的作用力与其作用时间的乘积 Ft 来决定。可见，Ft 具有特殊意义。

知识表征 冲量的定义。

拓展研讨 冲量的矢量性；单位。

焦点问题 （2）建立动量概念。

定性探究 定性地理解受到相同冲量作用的不同物体其速度改变的不同。

在上面推车的例子中，如果相同的几个人推原来静止的不同质量的车，并且所用时间一样，那么车所获得的速度有什么不同？……

结论：……

焦点突破 定量地推演 mv 这一乘积的特殊意义。

由关系式 $Ft=mv$ 可知：原来静止的不同物体受到相同的冲量作用时，虽然获得的速度不同，但质量与速度的乘积 mv 却是相同的。可见，mv 具有特殊意义。

知识表征 动量的定义：…… 动量的定义式：……

拓展研讨 动量的单位；动量的矢量性。

情境应用 教材中的练习题；思考与讨论题。

第二节 动量定理

焦点问题 物体的动量变化与其所受合力的冲量之间的关系如何？

问题定位 前面我们引入了冲量和动量的概念，下面就要基于这些新的概念来建立新的规律。

定性探究 引导学生表达对碰撞、冲击现象的定性理解，聚焦核心问题。

演示教材中“缓冲装置模拟”实验，请学生对这个现象进行观察和解释：你看到了什么？你如何理解这一现象？［观察：识别自由落体过程和冲击过程。比较、分析：确定物体（小球）在两个过程的受力情况，以及初态、末态的速度。理解：有橡皮筋时，小球冲击绳子的时间延长，而冲击时间越长，绳子对小球的作用力可能会越小。］

生活中搬运物品时，为了防止毁坏物品，人们采用什么办法？对此你如何理解？（碰撞、冲击过程中，物体的动量会发生突然变化；如果变化过程的时间长短不同，物体受力的大小可能不同，似乎有某种规律性。）

焦点突破 由牛顿定律推出动量定理。

参照教材所设置的情境，引导学生推出 $Ft=mv'-mv$。

知识表征 要求学生对上式的物理意义进行解释，引导其表述动量定理，并写出公式 $Ft=p'-p$。

拓展研讨 公式的矢量性（可以在后续课程进一步与动能定理比较，并揭示 Fs 是力对空间的累积效应，Ft 是力对时间的累积效应）；变力作用时的 F 的说明。

情境应用 （1）解释一些定性（如教材中的）问题；（2）教材上的练习题；（3）定量解决“缓冲装置模拟”的实验问题。

（习题课教学：强调研究对象，进行过程与状态分析，先定性分析再定量推算，解题策略反思与总结等；多进行定性现象的分析与解释。）

第三节 动量守恒定律

焦点问题 系统的动量变化有什么规律？

问题定位 对于单个物体，有 $Ft=p'-p$；对于（两个）相互作用的物体组成的系统，其动量变化有什么规律呢？

定性研究 回想前面的一个实例：两位同学穿上冰鞋面对面静止站立在冰面上，然后一位同学推开另一位同学；假如他们的质量相等，那么推开时会出现什么情况？如果质量不等，又会出现什么情况？理由是什么？两人的动量变化之间可能存在什么关系？理由是什么？

焦点突破 方法 1：实验研究。方法 2：理论推证。

实验研究：确定方案，实验设计，实验实施，数据及其分析，结果与结论，讨论。

可用替代实验：两等质量摆球正碰。

理论推证：参照教材。

知识表征 要求学生解释 $m_1v_1+m_2v_2=m_1v_1'+m_2v_2'$ 的物理意义，引导学生表述动量守恒定律，并写出表达式。让学生用矢量图表示。

拓展研讨 （1）成立条件；（2）使用范围。

情境应用 选取几个定性问题进行讨论，着重于动量守恒条件的判断，如教材上的“思考与讨论”。

第四节 动量守恒定律的应用

焦点问题 如何运用动量守恒定律解决物理问题，并进一步深入理解其物理内涵？

习题教学设计

（1）列出理解和运用动量守恒定律的要点。

（2）针对每一个要点选择或设计一两个题目，制成测试卷并对学生施测，诊断学生对每一个要点的理解所存在的问题，诊断学生运用定律时在方法、策略上存在的问题。

（3）针对存在的问题，选择和设计新的情境问题——最好结合实验，或选择能取得可靠证据的实例。

（4）让学生尝试预测现象、解释现象、进行讨论，解决新问题，增进理解，习得方法。

（5）进一步选择新的情境问题，挑战学生的认识和问题解决能力。

可以补充：由牛顿定律推出动能定理和动量定理，比较二者的内涵，并体会动能与动量、功与冲量。

第五节　反冲运动、火箭

焦点问题　反冲运动及其原理。

定性研究与焦点突破

（1）引导学生定性研讨若干常见的反冲现象——尽力争取进行实验，建立“反冲”概念；运用动量守恒定律解释反冲现象，要注意在每个现象研讨中，明确研究对象（系统）、分析过程与状态、分析受力特征、判断守恒条件、进行理论推理、得出结果与结论、与事实比较（检验）等。

（2）火箭：火箭模型演示或说明；火箭的结构、原理、相关史料等介绍。

（3）阅读材料。

附录6："万有引力定律"一章备课建议

"万有引力定律"备课建议

问题定位

本章研究主题：对天体运动做出描述、解释和预测。

本章问题结构：力学的核心问题——对物体的机械运动进行描述、解释和预测。

前面几章解决的问题——地球上物体运动的描述、解释和预测。

本章解决的问题：

天体运动的描述——如何描述天体运动？（"地心说""日心说"）行星怎样运动，有什么规律？（开普勒定律）

天体运动的力学原理——如何解释天体运动？天体之间的引力具有什么特征？天体间的引力作用与地面物体受到地球的引力作用，是否遵循同样的规律？是否任何物体之间都有这样的引力作用？（万有引力定律）

万有引力定律的进一步检验及应用——第三、四、五节。

第一节　行星的运动

焦点问题　天体运动的描述（见前述）。

本节问题结构　行星运动的描述涉及两个问题：参考系、运动形式与规律。

焦点问题　（1）如何描述天体运动——参照物的选择。

定性探究　安排学生探讨问题：在你看来，太阳、地球、月亮分别怎样运动？你为什么这样认为？这里的关键问题是什么？

焦点突破　引导学生探讨问题："地心说"与"日心说"的观点分别是什么？哪一个更合理？为什么？

焦点问题　（2）行星怎样绕太阳运动？有什么规律？

定性探究　阅读讨论：（1）古人认为天体是如何运动的？其依据是什么？（2）你认为，应通过什么方法来研究和确定天体运动的合理形式？

（观察、数据、数据分析）

焦点突破 阅读讨论：科学家们是如何完成对行星运动的研究的？（第谷的长期观察，获得精确的数据；开普勒具有高度想象力的数据分析——观念的变革、反复的假设—检验。）

知识表征 让学生陈述开普勒定律（语言表征），并要求他们绘出示意图（图形表征），写出表达式（数学表征）。

拓展研讨 比例系数的说明；发现开普勒定律的意义。

第二节 万有引力定律

焦点问题及问题结构 （1）如何解释行星的运动？（2）（如果遵从已有力学规律的话）行星与太阳之间的引力作用具有什么特征？（3）不同天体之间的引力，以及它们与地面物体受到地球的引力作用，是否遵循同样的规律？是否任何物体之间都有这样的引力作用？

定性探究 阅读讨论：人们曾经如何解释天体的运动？这些解释存在的主要问题是什么？（或基于某种观念，如“圆周运动是完美的”；或只是猜测，如伽利略、开普勒、笛卡儿。）胡克、哈雷的研究成果是什么？（由匀速圆周运动公式推测平方反比关系）遇到的主要问题是什么？（论证不了椭圆运动——牛顿将要解决的关键问题）

焦点突破 引导学生阅读讨论：（1）如何初步推断行星运动所受引力的特征？（基于牛顿运动定律，由运动求力，得出平方反比关系。）（2）引力与行星及太阳的质量有什么关系？（由牛顿第三定律及牛顿的类比推理，得出关系式。）（3）不同天体间的引力作用，以及它们与地面物体受到地球的引力作用，是否遵循同样的规律？是否任何物体之间都有这样的引力作用？

定性探究 阅读：地—月引力与行星—太阳引力遵循相同规律。（阅读扩充材料：牛顿的理想实验——月—地检验。）

牛顿的推广：任意两个物体之间。

知识表征 万有引力定律表述；公式。

拓展研讨 引力常数；适用条件；科学意义——揭示一种基本相互作用；地面上物体和天体的运动遵从同样的力学规律；文化历史意义。

情境应用 略。

第三节 引力常数的测定

焦点问题 万有引力定律中，G 是一个普适常数吗？如何测量它？

定性探究 讨论：如何解决上述问题？（首先解决后一个问题，找到测量方法，然后看不同物体之间的引力常数 G 是否相同，从而检验万有引力定律。从万有引力定律公式出发，设想初步的测量方案：测哪些量才能得出 G；如何测那些量。）

焦点突破 阅读讨论：卡文迪许的设计——装置、原理、步骤、结论等。

拓展研讨 G 的普适性；测量 G 的意义。

情境应用 安排练习，通过计算，体会万有引力的大小。

第四节 万有引力定律在天文学上的应用

焦点问题 万有引力定律在天文学上有什么应用？

定性探究 讨论：就你所知，万有引力定律在天文学上解决过什么问题？（让学生表达所知道的相关知识，由此点出本节课的两个问题。）

焦点突破 引导学生探讨问题：（1）如何求中心天体的质量？——先请学生描述相关的运动情景（图示），分析运动特征，辨别相关物理量；再根据匀速圆周运动模型和万有引力定律进行推断，得出求解式；讨论求解条件——需要先测出哪些物理量。（2）你知道海王星是如何被发现的吗？阅读史料，辅以图示。

拓展研讨 由海王星的发现，可简述科学理论的预见功能。

情境应用 可安排练习——如何由月亮的运动数据及万有引力定律求地球的质量。

第五节 人造卫星 宇宙速度

焦点问题及问题结构 如何发射人造卫星？发射人造卫星需要多大的速度？人造卫星如何环绕地球、如何脱离地球、如何逃出太阳系？

焦点问题 （1）人造卫星如何环绕地球？

定性探究 就你所知，人造地球卫星是如何发射的？（语言与图示）

牛顿是如何设想地球卫星发射的？（图示）（由此引出关键问题——人造地球卫星的速度）

焦点突破 引导学生探讨：（1）描述人造地球卫星的运动情景（图示）。（2）建立关系式，并推出速度求解式；讨论速度式，并求近似解，得出第一宇宙速度。

焦点问题 （2）（如宇宙飞船）如何脱离地球？

定性探究 （1）如果被发射物体的速度大于第一宇宙速度，其运动会发生什么变化？——借助图示，说明轨迹的变化。（2）如果速度再增加，将会如何？——当速度达到第二宇宙速度（脱离速度）时，将脱离地球引力，不再绕之飞行。

焦点问题 （3）如何逃出太阳系？

陈述：当速度达到第三宇宙速度（逃逸速度）时，将飞出太阳系。

知识表征 结合图示，理解、记忆三个宇宙速度。

拓展研讨 阅读“黑洞”。

情境应用 安排一些常见问题的练习。

第六节 行星、恒星、星系和宇宙

阅读即可，备课建议略。

图书在版编目（CIP）数据

促进认知发展的物理探究教学研究／王文清著．—
南宁：广西教育出版社，2016.12（2019.7 重印）
（中国物理教育研究丛书／郭玉英主编）
ISBN 978-7-5435-8217-0

Ⅰ.①促… Ⅱ.①王… Ⅲ.①中学物理课—教学研究
Ⅳ.①G633.72

中国版本图书馆 CIP 数据核字（2016）第 320546 号

策　　划　黄敏娴　黄力平
责任编辑　潘　安
装帧设计　刘相文
责任校对　何　云
责任技编　蒋　媛
封面题字　李　雁

出 版 人：石立民
出版发行：广西教育出版社
地　　址：广西南宁市鲤湾路 8 号　　邮政编码：530022
电　　话：0771-5865797
本社网址：http://www.gxeph.com
电子信箱：gxeph@vip.163.com
印　　刷：广西民族印刷包装集团有限公司
开　　本：787mm×1092mm　1/16
印　　张：13
字　　数：192 千字
版　　次：2016 年 12 月第 1 版
印　　次：2019 年 7 月第 2 次印刷
书　　号：ISBN 978-7-5435-8217-0
定　　价：29.00 元